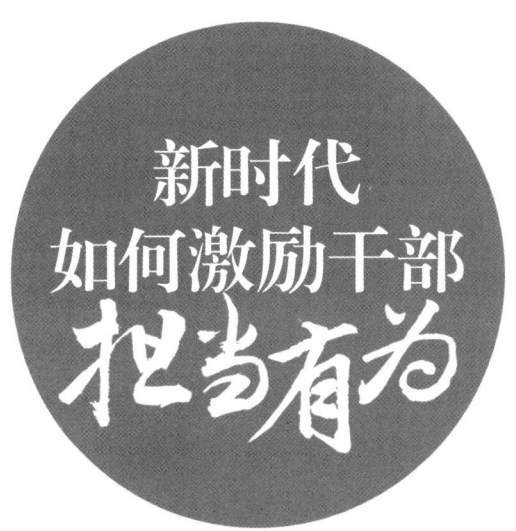

XINSHIDAI RUHE JILI GANBU
DANDANG YOUWEI

马 丽 ○ 主 编

SPM
南方出版传媒
广东人民出版社
·广州·

图书在版编目（CIP）数据

新时代如何激励干部担当有为／马丽主编．—广州：广东人民出版社，2019.6
ISBN 978-7-218-13342-3

Ⅰ. ①新… Ⅱ. ①马… Ⅲ. ①中国共产党–干部制度–激励–研究 Ⅳ. ①D262.3

中国版本图书馆CIP数据核字（2018）第300889号

XINSHIDAI RUHE JILI GANBU DANDANG YOUWEI
新时代如何激励干部担当有为
马丽　主编

版权所有　翻印必究

出　版　人：肖风华

策　划　人：杨　平
责 任 编 辑：卢雪华　伍茗欣
装 帧 设 计：闻江文化
责 任 技 编：周　杰　周星奎

出版发行：广东人民出版社
地　　　址：广州市海珠区新港西路204号2号楼（邮政编码：510300）
电　　　话：(020) 85716809（总编室）
传　　　真：(020) 85716872
网　　　址：http://www.gdpph.com
印　　　刷：广州市浩诚印刷有限公司
开　　　本：787mm×1092mm　1/16
印　　　张：12.25　插页：1　字数：150千
版　　　次：2019年6月第1版　2019年6月第1次印刷
定　　　价：42.00元

如发现印装质量问题，影响阅读，请与出版社（020-85716808）联系调换。
售书热线：(020) 85716872

目 录
contents

导　言　新时代要有新担当新作为 …………………………… 001

第一章　大力教育引导干部担当作为、干事创业 ……………… 009
  一、坚持用习近平新时代中国特色社会主义思想武装
    干部头脑 ……………………………………………… 011
  二、增强广大干部的政治担当 ………………………… 015
  三、增强广大干部的历史担当 ………………………… 021
  四、增强广大干部的责任担当 ………………………… 026
  五、切实发挥各级领导干部示范表率作用…………… 029

第二章　鲜明树立重实干重实绩的用人导向 …………………… 035
  一、坚持好干部标准 …………………………………… 037
  二、坚持从对党忠诚的高度看待干部是否担当作为 … 042
  三、坚持有为才有位 …………………………………… 047
  四、坚持全面历史辩证地看待干部 …………………… 051
  五、坚持优者上、庸者下、劣者汰 …………………… 054

第三章　充分发挥干部考核评价的激励鞭策作用 ……………… 059
  一、干部考核评价"考什么" ………………………… 061
  二、干部考核评价"如何考" ………………………… 070
  三、干部考核评价"结果怎么用" …………………… 075

第四章　切实为敢于担当的干部撑腰鼓劲 ……………………… 081
  一、深刻领会"三个区分开来"重要内涵 …………… 083

二、构建容错纠错的系统体系机制 …………………………… 086

三、敢于为干部说公道话 …………………………………… 093

四、坚决治庸 ………………………………………………… 101

第五章　着力增强干部适应新时代发展要求的本领能力 …… 107

一、增强八大本领，练好担当作为"基本功" ……………… 109

二、构建"链式"培育机制，优化干部成长路径 ………… 117

三、着力源头活水，大力加强年轻优秀干部储备 ………… 120

四、干部教育培训下实功，突出精准性时效性 …………… 125

五、注重基层一线锻炼干部，促干部在实践中增才干

　　　……………………………………………………… 131

第六章　满怀热情关心关爱干部 ………………………………… 135

一、完善和落实谈心谈话制度注重解疑释惑 ……………… 137

二、健全干部待遇激励保障制度体系，解决后顾之忧 …… 143

三、在政策、待遇等方面重视关心基层 …………………… 152

第七章　凝聚形成创新创业的强大合力 ………………………… 159

一、制定和执行政策坚持具体问题具体分析 ……………… 161

二、大兴调查研究之风，尊重基层首创精神 ……………… 164

三、加强党内政治文化建设 ………………………………… 172

四、加强舆论引导，坚持激浊扬清 ………………………… 178

主要参考文献 ……………………………………………………… 184

附　录　《关于进一步激励广大干部新时代新担当新作为的意见》 …………………………………………… 185

后　记 ……………………………………………………………… 190

导 言
新时代要有新担当新作为

社会主义是干出来的，新时代也是干出来的。党的干部是党和国家事业的中坚力量，没有广大党员、干部的积极性和执行力，再好的政策措施也会落空。回顾党的历史，特别是改革开放以来的发展历程，事业向前推进的每一步都离不开广大干部群众的奋发努力。党的十八大以来，在以习近平同志为核心的党中央坚强领导下，党和国家事业取得历史性成就、发生历史性变革，与广大干部改革创新、干事创业、担当奉献密不可分。当前，干部队伍主流是好的，能够适应事业发展需要，但也有少数干部庸政懒政怠政、改革勇气锐气弱化。《关于进一步激励广大干部新时代新担当新作为的意见》从制度机制层面入手，突出新时代党的建设总要求，突出正向激励主基调，突出倡导性、引领力，向广大干部发出了攻坚克难、奋发作为的动员令、集结号。

为充分调动和激发干部队伍的积极性、主动性、创造性，教育引导广大干部为决胜全面建成小康社会、夺取新时代中国特色社会主义伟大胜利、实现中华民族伟大复兴的中国梦不懈奋斗，中共中央办公厅印发了《关于进一步激励广大干部新时代新担当新作为的意见》(以下简称《意见》)，对建立激励机制和容错纠错机制，进一步激励广大干部新时代新担当新作为提出明确要求，并要求各级党委（党组）结合实际认真贯彻落实。

制定出台《意见》，是贯彻落实习近平新时代中国特色社会主义思想和党的十九大精神，建设高素质专业化干部队伍的重要举措。党的干部是党和国家事业的中坚力量。党的十九大明确指出："要坚持党管干部原则，坚持德才兼备、以德为先，坚持五湖四海、任人唯贤，坚持事业为上、公道正派，把好干部标准落到实处。坚持正确选人用人导向，匡正选人用人风气，突出政治标准，提拔重用牢固树立'四个意识'和'四个自信'、坚决维护党中央权威、全面贯彻执行党的理论和路线方针政策、忠诚干净担当的干部，选优配强各级领导班子。注重培养专业能力、专业精神，增强干部队伍适应新时代中国特色社会主义发展要求的能力。大力发现储备年轻干部，注重在基层一线和困难艰苦的地方培养锻炼年轻干部，源源不断选拔使用经过实践考验的优秀年轻干部。统筹做好培养选拔女干部、少数民族干部和党外干部工作。认真做好离退休干部工作。坚持严管和厚爱结合、激励和约束并重，完善干部考核评价机制，建立激励机制和容错纠错机制，旗帜鲜明为那些敢于担当、踏实做事、不谋私利的干部撑腰鼓劲。各级党组织要关心爱护基层干部,主动为他们排忧解难。"①

按照党的十九大部署,要建设高素质专业化干部队伍,就必须坚持严管和厚爱结合、激励和约束并重,充分调动和激发干部队伍的积极性、主动性、创造性。《意见》的出台,对切实增强广大干部的政治担当、历史担当、责任担当,努力创造属于新时代的光辉业绩,具有十分重要的意义。

首先,激励干部新担当新作为,是推动党和国家事业发展的迫切需要。社会主义是干出来的,新时代也是干出来的。党的干部是党和国家事业的中坚力量,没有广大党员、干部的积极性和执行力,再好的政策措施也会落空。回顾党的历史,任何时候的工作都离不开广大干部群众积极性、主动性、创造性的调动和发挥。党的十八大以来,党和国家事业之所以取得历史性成就、发生历史性变革,与广大干部改革创新、干事创业、担当奉献是密不可分的。当前,我国正处在全面建成小康社会决胜阶段、中国特色社会主义进入新时代的关键时期,国内外环境发生了深刻变化,面对的矛盾和问题发生了深刻变化,发展阶段和发展任务发生了深刻变化,工作对象和工作条件发生了深刻变化,对我们党长期执政能力和领导水平的要求也发生了深刻变化。一代人有一代人的使命担当。统筹推进"五位一体"总体布局,协调推进"四个全面"战略布局,贯彻落实新发展理念,推进国家治理体系和治理能力现代化,落实好党的十九大确定的重大战略部署,更加需要广大干部积极作为、主动担当,更加需要把干部队伍建设得更有理想、更有力量、更有干劲。

---

① 《决胜全面建成小康社会 夺取新时代中国特色社会主义伟大胜利》,人民出版社2017年版,第64页。

其次，激励干部新担当新作为，是切实解决干部队伍突出问题的内在要求。党的十八大以来，以习近平同志为核心的党中央深入推进全面从严治党，推出一系列重大举措，从严管理监督干部，推动政治生态持续改善、党风政风明显好转，不守纪律规矩的现象大大减少。当前，一些干部精神懈怠、心理懈怠，庸政懒政怠政，改革勇气锐气弱化，需要各级党组织直面和解决，需要坚持严管和厚爱结合、激励和约束并重，抓住影响干部干事创业、担当奉献的关键症结，强化正向激励。

习近平总书记对制定出台《意见》工作高度重视，专门对激励干部新担当新作为作出重要指示，充分肯定干部队伍主体是好的；强调进行伟大斗争、建设伟大工程、推进伟大事业、实现伟大梦想，要靠干部担当作为；要以正确选人用人导向激励干部，特别是大力选拔敢于负责、勇于担当、善于作为、实绩突出的干部；完善科学考核评价机制，切实解决干与不干、干多干少、干好干坏一个样的问题；建立健全容错纠错机制，旗帜鲜明地为敢于担当的干部撑腰鼓劲，把关心关爱干部的各项措施落到实处。① 习近平总书记的重要指示，高屋建瓴、思想深邃，指向明确、内涵丰富，是激励干部担当作为工作的根本遵循，对新时代整个干部队伍建设都具有重要指导意义。

问题是时代的声音，目标是前行的动力。《意见》坚持以习近平新时代中国特色社会主义思想和党的十九大精神为指导，以有效调动广大干部干事创业的活力动力为主线，以解决干部不想为、不能为、不敢为等问题为重点，从加强思想教育、树立正确用人导向、发挥考核评价作用、建立健全容错纠错机制、提升干部能

---

① 陈希：《新时代要有新担当新作为》，《求是》2018年第14期。

力素质、热情关心关爱干部、凝聚创新创业合力等方面提出一系列要求。《意见》从制度机制层面入手，深刻把握了从严管理与关心爱护的辩证统一关系，聚焦干部动力不足"不想为"、能力不足"不会为"、担当不足"不敢为"等突出问题，系统谋划、综合施策，不是单从干部工作某个方面作出规定，而是统筹兼顾干部工作的各个方面，抓住影响干部积极性的关键症结，作出通盘部署、制度安排，不仅为广大干部成长提供了风向标、指南针，而且为加强和改进干部工作提供了导航仪、路线图。

《意见》明确提出，要大力教育引导干部担当作为、干事创业，坚持用习近平新时代中国特色社会主义思想武装干部头脑，强化"四个意识"，坚定"四个自信"，在其位、谋其政、干其事、求其效。要坚持好干部标准，突出"五个过硬"，突出实践实干实效。要理直气壮为敢于担当的干部撑腰鼓劲，全面落实习近平总书记"三个区分开来"重要要求，建立健全容错纠错机制，引导干部争当改革的促进派、实干家，这也是党中央在建立健全容错纠错机制方面首次从制度层面作出规定。要着力增强干部适应新时代发展要求的能力，加强专业知识和专业能力培训，注重培养专业作风、专业精神，涵养干部担当作为的底气和勇气。要满怀热情关心关爱干部，注重政治上激励、工作上支持、待遇上保障、心理上关怀，增强干部的荣誉感、归属感、获得感。要凝聚形成创新创业的强大合力，大力宣传改革创新、干事创业的先进典型，激励广大干部见贤思齐、奋发有为。

可以看到，《意见》主要有以下三个特点：一是宣示性。坚持正向激励主基调，立足事业需要，回应群众呼声，顺应干部期待，体现倡导性、引领力，释放出促进干部积极作为、奋进奋发的强烈信号。二是指导性。坚持目标导向和问题导向相结合，着眼解决干部选拔任用、考核评价、容错纠错等方面的重点难点问题，提出原则性要求，为各级党组织结合实际抓好落实提供遵循。三是统筹性。坚持系统谋划、综合施策，不是单从干部工作某个方面作出规定，而是统筹考虑影响干部积极性的因素，着力将干部选育管用的各个环节衔接起来，将政治教育、思想引导、待遇保障、人文关怀等方面贯通起来，作出整体性部署、制度化安排。

制度的生命力在于执行，关键在于抓好落实、见到实效。各级党委（党组）要以高度的政治责任感和历史使命感，采取得力措施抓好《意见》的贯彻落实，切实把党中央对干部的关心关怀落到实处。要坚持党的领导，充分发挥党委（党组）领导作用，把落实《意见》的规定，纳入领导班子和干部队伍建设整体布局，加强统筹谋划和组织实施。党委（党组）主要负责同志作为"关键中的关键"，要带头学习贯彻习近平总书记重要指示，带头落实《意见》规定，在讲政治、敢担当、善作为上发挥引领带动作用，敢于为改革创新者说公道话、撑腰鼓劲，真正为担当者担当、为负责者负责。各级组织部门要承担起牵头协调和工作督促的职能，加强与纪检监察机关、宣传等部门的衔接配合，加强各层级的上下联动，形成工作合力。要加强面上指导，精准把握和落实《意见》提出的各项政策规定。对于有关容错纠错、政绩考核、待遇保障的政策规定，要在坚持《意见》总体精神、原则性要求的前提下，科学把握好"度"，做到规范操作、精准实施。要加强调查研究，把落实《意见》精神融入干部队伍建设各方面，贯穿到干部日常教育管理各环节，不断探索和完善具体政策制度，推动解决工作中的实际问题。要加强跟踪问效，对各地各部门贯彻落实情况及时督促检查，防止出现抓落实"上热下冷""紧一阵松一阵"的问题。要对学习宣传《意见》进行部署，传达到每一个基层党组织、每一名干部,做好解读工作,扩大知晓面和增强认同度。要注意挖掘和发现新时代新担当新作为的先进典型,大力宣传他们的业绩和优秀事迹,在全社会形成鼓励担当作为、崇尚苦干实干的良好风尚。要尊重基层首创精神,鼓励基层结合实际探索创新。要坚持久久为功、持续用力,精准执行政策,细化配套措施,确保《意见》精神落到实处、见到成效。广大干部要不忘初心、牢记使命,自觉加满油、把稳舵、鼓足劲,为实现"两个一百年"奋斗目标和中华民族伟大复兴的中国梦而不懈奋斗。

新时代开启新征程,新征程呼唤新担当新作为。广大干部是党和国家的宝贵财富,党中央专门就激励干部担当作为印发《意见》,就是要求干部既严格按党的原则纪律规矩办事,又在政治上激励、工作上支持、待遇上保障、心理上关怀,向广大干部发出攻坚克难、奋发作为的动员令、集结号。做好激励干部担当作为工作,必将为建设高素质专业化干部队伍注入强劲动力,为广大干部树起健康成长成才的风向标;必将推动解决少数干部在理想信念、为民宗旨、工作进取心、能力水平等方面的突出问题;必将促使干部争做习近平新时代中国特色社会主义思想的模范践行者、新使命的奋力担当者、新征程的自觉开拓者,努力做出经得起实践、人民、历史检验的实绩。

第一章

大力教育引导干部担当作为、干事创业

CHAPTER 1

思想是行动的先导，是激发干部担当作为的动力源泉。《意见》坚持把思想教育摆在首位，鲜明提出坚持"一个武装"、强化"三个担当"、做到"三个带头"的要求。"一个武装"，就是坚持用习近平新时代中国特色社会主义思想武装干部头脑。"三个担当"，一是引导干部不忘初心、牢记使命，强化"四个意识"，坚定"四个自信"，增强对党忠诚、为党分忧、为党尽职、为民造福的政治担当；二是引导干部深刻领会新时代、新思想、新矛盾、新目标提出的新要求，努力改革创新、攻坚克难，增强时不我待、只争朝夕、勇立潮头的历史担当；三是引导干部不负党和人民重托，在其位、谋其政、干其事、求其效，增强守土有责、守土负责、守土尽责的责任担当。领导干部要自觉做到"三个带头"，即带头履职尽责、带头担当作为、带头承担责任，切实以担当带动担当、以作为促进作为。

一、坚持用习近平新时代中国特色社会主义思想武装干部头脑

思想建设是党的基础性建设,用党的创新理论武装头脑,推动全党更加自觉地为实现新时代党的历史使命不懈奋斗是新时代党的思想建设的重要内容。《意见》提出,坚持用习近平新时代中国特色社会主义思想武装干部头脑,增强干部信心,增进干部自觉,鼓舞干部斗志。

新时代催生新思想,新理论引领新实践。党的十九大的一个历史性贡献,就是把习近平新时代中国特色社会主义思想同马克思列宁主义、毛泽东思想、邓小平理论、"三个代表"重要思想、科学发展观一道,确立为党必须长期坚持的指导思想,实现了党的指导思想的又一次与时俱进。

党的十八大以来,以习近平同志为主要代表的中国共产党人,顺应时代发展,从理论和实践结合上系统回答了新时代坚持和发展什么样的中国特色社会主义、怎样坚持和发展中国特色社会主义这个重大时代课题,创立了习近平新时代中国特色社会主义思想。习近平新时代中国特色社会主义思想是对马克思列宁主义、毛泽东思想、邓小平理论、"三个代表"重要思想、科学发展观的继承和发展,是马克思主义中国化的最新成果,是党和人民实践经验和集体智慧的结晶,是中国特色社会主义理论体系的重要组成部分,是全党全国人民为实现中华民族伟大复兴而奋斗的行动指南,必须长期坚持并不断发展。在习近平新时代中国特色社会主义思想指导下,中国共产党领导全国各族人民,统揽伟大斗争、伟大工程、伟大事业、伟大梦想,推动中国特色社会主义进入了

新时代。

时代是思想之母，实践是理论之源，指导思想是一个政党的精神旗帜。各级党组织应通过广泛深入、严谨生动的宣传宣讲，引导全党全社会深刻认识习近平新时代中国特色社会主义思想的历史地位，深刻认识这一思想在理论上的重大突破创新、在实践上的科学指导作用，准确把握这一思想的时代背景、精神实质、丰富内涵和实践要求，自觉用马克思主义中国化最新成果武装头脑、指导实践、推动工作。要坚持读原著、学原文、悟原理，全面把握、融会贯通。要弘扬理论联系实际的学风，紧密结合各地区各部门各单位实际工作，以钉钉子精神抓好党中央决策部署的落实，把学习成效转化为推动事业发展的实际行动，努力在新时代展现出新气象、新作为。

全党应深刻领会习近平新时代中国特色社会主义思想的精神实质和丰富内涵，在各项工作中全面准确贯彻落实，以此武装全党、凝魂聚魄、凝心聚力，做到理论上清醒、政治上坚定、行动上坚决，这是广大干部不断开辟中国特色社会主义新境界的根本动力。

延伸阅读

推动习近平新时代中国特色社会主义思想深入人心、落地生根

夏日的深圳，郁郁葱葱。不久前，第28届全国图书交易博览会在这里举行。从《知之深 爱之切》《摆脱贫困》《之江新语》《习近平的七年知青岁月》《梁家河》到《习近平总书记系列重要讲话读本》《习近平谈治国理政》《习近平新时代中国特色社会主义思想三十讲》……一本本图书，吸引人们驻足品读，领悟新时代领路人的信仰信念、为民情怀、历史担当、雄才大略。

"把日子过好，把国家建设好，有习近平总书记这个核心，有习近平新时代中国特色社会主义思想这面旗帜，我们老百姓有信心，有干劲。"一位读者如是说。

一次具有划时代、里程碑意义的大会胜利召开，党的十九大将习近平新时代中国特色社会主义思想这一当代中国马克思主义、21世纪马克思主义，确立为党必须长期坚持的指导思想，树起了新时代中国共产党人的思想旗帜、中国人民的精神旗帜。

理论创新每前进一步，理论武装就必须跟进一步。党的十九大一闭幕，摆在宣传思想文化工作面前的首要任务，就是迅速兴起学习宣传贯彻习近平新时代中国特色社会主义思想热潮，推动这一思想深入人心、落地生根。

从中央宣讲团奔赴全国各地与干部群众面对面互动交流，到各地精心组织面向基层的对象化、分众化、互动化宣讲活动，从一本本权威读物、一篇篇理论文章到一个个创新节目，吸引人的形式、动人心的语言，让党的创新理论更加有效地走进基层、走进群众。

6集通俗理论电视节目《厉害了，我们的新时代》，就是这样一堂通俗易懂的大众理论"公开课"。节目不仅邀请理论专家系统解读、青年学者和基层代表畅谈体会，还引入动画、说唱等趣味形式，不仅通过电视播出，还在融媒体平台同步推出。有网友留言说："党的理论接地气，学起来更有动力。"

"各位邻居，今天咱们讲讲如何构建共建共治共享社会治理格局。社区的治理靠谁？大家伙儿有没有责任义务？"……大江南北，城乡基层，一个个新时代文明实践中心就是老百姓"家门口的红色学堂"，一个个县级融媒体中心成为群众"指尖上的服务窗口"，新时代文明实践中心、县级融媒体中心正同频共振、同向发力，努力打通基层宣传工作的"最后一公里"。

紧扣习近平新时代中国特色社会主义思想和党的十九大精神,一篇篇署名"宣言"的政论文章见诸报端、刷屏手机。从分析"大有可为的历史机遇期",激励"艰苦奋斗再创业",到阐述调动人民积极性创造性,为步入第40个年头的改革攻坚战释放"源头活水",再到激发人们"风雨无阻创造美好生活"的斗志,坚定"改革开放天地宽"的信念……饱蘸理性与激情的笔触,鞭辟入里,娓娓道来,让人眼前一亮,读后十分提气鼓劲。

用习近平新时代中国特色社会主义思想武装全党、教育人民,以富有时代性、创造性的工作推动科学理论深入人心,生动透彻的学理阐释不可或缺、至关重要。习近平新时代中国特色社会主义思想研究中心在多家权威研究机构的成立,为深化理论研究再添"生力军";理论工作"四大平台"以集束之力,激发研究阐释的强大动能;国家高端智库建设深入推进,理论联系实际、建真言献实策;社科界着力提升学术原创能力,推动构建中国特色哲学社会科学。

思想的力量最深刻、最持久,理论一经群众掌握,就能焕发强大的实践伟力。

"绿水青山就是金山银山",习近平总书记的谆谆教诲镌刻在大地山川,写进人民群众心中。在江西,广袤乡村产生了"认领河长""树保姆"等新行当。"河长"沿着河岸巡查,看到有漂浮物就立马下河打捞;"树保姆"每天都会到树下转转,一旦发现问题及时向林业部门反馈,"像对待生命一样对待生态环境",扎扎实实地落在百姓的行动里。

——摘编自《为新时代新变革凝魂聚力》,《人民日报》2018年8月21日

学者评析

> 伟大的时代呼唤伟大的精神，伟大的精神推动伟大的事业。越是面对大有可为的历史机遇，越是处于爬坡过坎的关键时期，越需要凝聚广泛的思想共识，熔铸坚实的精神支撑。形式多样的理论学习、聚焦前沿的理论研究、春风化雨的理论宣传……宣传思想文化战线通过一系列新举措、新突破、新成效，推动全党"大学习"、全社会"大普及"，不断往深里走、往实里走、往心里走，让习近平新时代中国特色社会主义思想在中华大地开花结果。

二、增强广大干部的政治担当

现代政党作为政治组织，必然具有鲜明的政治属性。我们党是用马克思主义理论武装起来的先进政党，回顾我们党的历史，贯穿其中的一条主线是始终坚持讲政治。可以说，**讲政治是我们党的一贯要求和特有优势**。《意见》提出，坚持严管和厚爱结合、激励和约束并重，教育引导广大干部不忘初心、牢记使命，强化"四个意识"，坚定"四个自信"，以对党忠诚、为党分忧、为党尽职、为民造福的政治担当，满怀激情地投入新时代中国特色社会主义伟大实践。

在世情、国情、党情发生深刻变化的新形势下，突出政治担当，坚持讲政治，增强"四个意识"和"四个自信"，具有重要的

理论价值和实践意义，是夺取新时代中国特色社会主义伟大胜利的迫切需要。当前，统筹推进"五位一体"总体布局，建设中国特色社会主义伟大事业，面对"四大考验"和"四种危险"的严峻挑战，面对协调推进"四个全面"战略布局的艰巨使命，只有不忘初心、继续前进，不断增强政治意识、大局意识、核心意识、看齐意识，坚定"四个自信"，我们党才能担负起团结带领全国各族人民实现中华民族伟大复兴的历史使命。这就要求每位党员干部都要把"四个意识""四个自信"内化于心、外化于行，体现在实际行动中，落实到工作的各方面，贯穿于党性锻炼的全过程，坚决执行党中央决策部署，始终在思想上政治上行动上同党中央保持高度一致。《意见》强调增强广大干部的政治担当，具体应把握以下几个方面：

一是牢固树立"四个意识"。对党忠诚，是党员干部的首要政治品质和政治生命线。如果这一条不过关，其他都不过关。对党忠诚，不是有条件的而是无条件的，不是抽象的而是具体的，必须体现在对党的信仰、党的组织、党的事业的忠诚上。最重要的是要把党放在心中最高位置，牢固树立"党的领导是中国特色社会主义最本质特征和中国特色社会主义制度最大优势""党是最高政治领导力量"的观点，坚持党对一切工作的领导；要牢固树立政治意识、大局意识、核心意识、看齐意识，自觉在思想上政治上行动上同以习近平同志为核心的党中央保持高度一致，坚决维护习近平同志的核心地位，维护党中央权威和集中统一领导。

二是坚定"四个自信"。对马克思主义的信仰，对社会主义和共产主义的信念，是共产党人的政治灵魂，是共产党人经受得住任何考验的精神支柱。习近平总书记形象地指出，理想信念就是共产党人精神上的"钙"，精神上"缺钙"就会得"软骨病"。大量事实表明,思想滑坡是最危险的滑坡,信念动摇是最危险的动摇。一些领导干部政治上变质、经济上贪婪、道德上堕落、生活上腐化,说到底都是因为理想信念宗旨这个根基发生了动摇,世界观、人生观、价值观这个"总开关"出现了问题。"四个自信",源于党带领人民进行革命、建设、改革的伟大实践,体现了科学社会主义理论逻辑和中国社会发展历史逻辑的辩证统一,反映了当代中国发展进步的根本方向,是检验干部理想信念的"试金石"。在当今世界风云变幻、当代中国深刻变革、社会思想多元多变的背景下,党员干部只有坚定"四个自信",才能不为任何风险所惧,不为任何干扰所惑,保持战略定力和前进动力,自觉成为共产主义远大理想和中国特色社会主义共同理想的坚定信仰者和忠实践行者。

三是坚持原则,敢于斗争。现实中,有些党员干部好像表现得政治上很成熟,但深入分析起来,其实是一种不问政治是非、不讲政治原则的圆滑。今天,我们比历史上任何时期都更接近、更有信心和能力实现中华民族伟大复兴的目标,这既意味着我们已经积累起促成质变的历史性成果,也意味着我们到了最艰巨的攻坚阶段,不可避免地会遇到许多重大挑战、重大风险、重大阻力、重大矛盾。**面对敌对势力加紧对我国实施西化、分化战略,面对意识形态领域的尖锐较量,面对激烈的国际政治斗争,面对艰巨繁重的改革发展稳定任务,都需要广大党员干部强化政治担当、增强斗争精神,敢于亮剑、敢于碰硬、敢于攻坚、敢战能胜。**

四是善于从政治上观察和处理问题。党员干部特别是领导干部要履行好责任,必须有很强的能力作支撑。在所有能力中,第一位的是政治能力。习近平总书记多次强调,领导干部要注意加强政治历练,积累政治经验,使自己的政治能力与担任的领导职责相匹配。政治能力的内涵很丰富，最核心的是把握方向、把握大势、把握全局的能力，保持政治定力、驾驭政治局面、防范政治风险的能力。应当看到，不少领导干部在这些方面还有许多不适应、不符合的地方。比如，有的马克思主义理论功底不深，不善于从政治上看问题，把政治和经济、政治和技术、政治和业务割裂开来甚至对立起来；有的缺乏政治敏锐性和政治鉴别力，对政治上的苗头性、倾向性问题不能见微知著、防患未然，甚至对挑战政治底线的错误言论和不良风气听之任之，逃避责任、失职渎职。因此，政治能力绝不是可有可无的软性指标，而是对干部政治担当的刚性要求。

五是严格遵守党的政治纪律和政治规矩。严明纪律，是维护党的团结和集中统一的根本保证。在党的所有纪律和规矩中，政治纪律和政治规矩是最重要、最根本的。广大干部必须把严格遵守政治纪律和政治规矩作为安身立命的"压舱石"，在守纪律、讲规矩上作表率，自觉做政治上的明白人、老实人，使政治纪律和政治规矩真正成为"带电的高压线"。

他山之石

夯实广大干部履职为民的思想根基

"讲政治，抓关键，强根基，促发展！"青海省委常委、西宁市委书记王晓说，自2015年下半年以来，西宁市委深入学习贯彻习近平总书记关于"全面从严治党"的重要论述，向全市党员提出，牢固树立"四个意识"，把"始终对党绝对忠诚，坚决与以习近平同志为核心的党中央保持绝对一致"作为思想方针、政治纪律、组织原则、实践标准，要求各级党组织切实履行管党治党主体责任，教育引导党员干部把牢思想和行动的"总开关"，拧紧责任螺丝，层层压实管党治党责任，着力建设山清水秀的政治生态，促进西宁经济社会健康快速发展。在经济下行压力面前，西宁去年的主要经济指标增速位居全国省会前列。

没有内心共鸣、理想认同，"从严治党"只会是无本之木、无源之水。西宁市委除每月组织1~2次中心组学习外，市委常委会议将习近平总书记系列重要讲话、指示批示等编成4册，编印了5个领域的学习读本，印发给各级党组织，避免学习碎片化、浅层化等问题。

"市委将学习读本印发给我们党支部，解决了我们学习上有一篇学一篇的问题。"湟源县大华镇池汉村党员何小琴说，市委依托"夏都学习·信仰的力量"手机客户端和"西宁党建"微信公众号开展了"每天10分钟学党章学讲话"和"每天5分钟微答题"活动，"现在无论到哪里务工，通过APP进行实名注册，方便了学习，党支部也能随时了解自己的学习状况"。

这夯实了广大党员干部坚持履职为民、遵守党规党纪的思想根基，解决了有的党员"不像党员、不在组织、不起作用"等问题。

纲举则目张，执本则末从。王晓说："我们在实践中深感，越是始终对党绝对忠诚、坚决与以习近平同志为核心的党中央保持绝对一致，从严管党治党的底气就越足，以上率下的传导效应和思想行动的一致性就越强。"

"龙头怎么舞，龙尾怎么摆。"在从严治党中，西宁市坚持从领导干部兼具"主体"与"对象"双重身份，处于"律己"与"律人"交叉地带的特点出发，切实让"关键少数"在从严治党中发挥了关键作用。西宁认真落实党委（党组）主要负责人向上级党委全委会和纪委全委会述责述廉述作风制度，安排县区委和市直部门"一把手"向市委、市纪委全会述责述廉，开展落实"两个责任"系列电视访谈，要求一把手聚焦"责"和"廉"，准确"画像"，对新提任县级领导干部进行廉政谈话和廉政知识测试，签订廉政承诺书，对党员领导干部实现了严管紧管。

主体责任重如山。西宁坚持"细化定责、约谈明责、带题查责、倒查问责"并举，全面落实领导干部从严治党主体责任，对履行主体责任不到位，造成严重后果及影响的6个单位20名领导进行了责任倒查。近年来，西宁在从严治党上屡出重拳——以"零容忍"的态度，严肃查处违纪违法行为，先后给予党纪政纪处分491人；建立市县（区）党委巡察制度，先后完成3轮巡察，共发现问题161个，移交问题线索30条，市纪委根据巡察结果对2名领导干部给予党纪政纪处分；查处违反中央八项规定精神问题47件，处理104人……

——摘编自《清风拂面气象新——西宁扎扎实实推进全面从严治党》，《人民日报》2017年2月20日

学者评析

"四个意识"是意蕴深刻、相互联系的有机整体，集中体现了根本的政治立场、政治方向、政治原则。在全面从严治党过程中，青海省西宁市从讲政治和"四个意识"入手，抓住了从严治党的核心灵魂。把"始终对党绝对忠诚，坚决与以习近平同志为核心的党中央保持绝对一致"作为思想方针、政治纪律、组织原则、实践标准，强化了党员干部"四个意识"和"四个自信"，使广大干部把政治担当体现在实际行动中，落实到工作的各方面，贯穿于党性锻炼的全过程，不折不扣执行党中央决策部署，始终在思想上政治上行动上同党中央保持高度一致，这也成为促进西宁经济社会健康快速发展的重要思想根基。

三、增强广大干部的历史担当

变化的时代，不变的初心；变化的矛盾，不变的奋斗。以人民幸福为己任的中国共产党，带领人民开展伟大的社会革命，为民族复兴和人类发展书写新的华章。新时代，凝结着一代又一代人的艰苦奋斗，清晰标示出中国发展新的历史方位。肩负起历史赋予的光荣使命，离不开奋发有为的激情。接近目标的冲刺，既需要一鼓作气的干劲，也需要咬定青山的执著。《意见》要求，**教育引导广大干部深刻领会新时代、新思想、新矛盾、新目标提出的新要求，以时不我待、只争朝夕、勇立潮头的历史担当，努力改革创新、攻坚克难，不断锐意进取、担当作为。**

党的十九大站在新时代的战略高度上，在深刻分析改革开放以来我国经济社会发生的历史性飞跃的基础上，作出我国社会主要矛盾已经转化为人民日益增长的美好生活需要和不平衡不充分的发展之间的矛盾的重大政治判断。作出这个重大政治判断，是一项关系全局的战略考量，指明了我国发展新的历史方位。从"物质文化需要"到"美好生活需要"，从解决"落后的社会生产"问题到解决"不平衡不充分的发展"问题，反映了我国社会发展的客观实际，为制定党和国家大政方针、长远战略提供重要依据。

广大干部应充分认识到，我国社会主要矛盾的变化，没有改变对我国社会主义所处历史阶段的判断，我国仍处于并将长期处于社会主义初级阶段的基本国情没有变，我国是世界上最大的发展中国家的国际地位没有变。我们要牢牢把握社会主义初级阶段这个基本国情，牢牢立足社会主义初级阶段这个最大实际，牢牢坚持党的基本路线这个党和国家的生命线、人民的幸福线，奋力走好新时代长征路。同时，广大干部也要充分认识到，我国社会主要矛盾的变化是关系全局的历史性变化，对党和国家工作提出了许多新要求。**我们要在继续推动发展的基础上，着力解决好发展不平衡不充分的问题，大力提升发展质量和效益，更好满足人民在经济、政治、文化、社会、生态等方面日益增长的需要，更好推动人的全面发展、社会的全面进步。**

从党的十九大到党的二十大，是"两个一百年"奋斗目标的历史交汇期。在这一关键时期，党的十九大对新时代中国特色社会主义发展作出新的战略安排。第一个阶段，从2020年到2035年，在全面建成小康社会的基础上，基本实现社会主义现代化；第二个阶段，从2035年到本世纪中叶，把我国建成富强民主文明和谐美丽的社会主义现代化强国。这一战略安排，表明我们党有能力带领全国各族人民提前15年完成原定的第二个百年目标，使中华民族伟大复兴的中国梦呈现出崭新图景。"行百里者半九十"，什么时候都不要想象可以敲锣打鼓、顺顺当当实现我们的奋斗目标。从发展进程看中国，治理水平需要不断提高，经济增长需要提质增效，生态环境需要修复改善，公平正义需要在更高层次实现，每一项都是难啃的"硬骨头"。

使命引领未来，使命呼唤担当。历史从不等待一切犹豫者、观望者、懈怠者、软弱者。面对越是尖锐的矛盾挑战，越是要牢记，打铁必须自身硬；面对越是尖锐的矛盾挑战，越是要牢记，时代是出卷人，人民是阅卷人；面对越是尖锐的矛盾挑战，越是要牢记，让梦想照进现实，必须不驰于空想、不骛于虚声。党的时代使命光荣艰巨，广大干部的历史担当义不容辞，这要求广大干部要坚忍不拔、锲而不舍，时刻保持"朝受命、夕饮冰，昼无为、夜难寐"的斗志，才能在重大挑战、重大风险面前无所畏惧，才能有力推动党和国家事业不断从胜利走向新的胜利,才能谱写社会主义现代化新征程的壮丽篇章。

延伸阅读

脱贫攻坚,失责必问

看完通报批评的文件,云南省师宗县大同街道党工委委员、宣传委员李文齐犹豫了片刻,然后将文件的电子版转到了本镇扶贫干部的微信群。这次通报批评的对象不是别人,正是李文齐自己。前不久,李文齐等6人被师宗县纪委通报批评。

"绣花功夫扶贫,离不开一家一户上门。"师宗县纪委监委工作人员告诉记者,有的地方扶贫干部驻村少,几乎不入户;有的地方人在位、思想不到位;还有的挂联单位不重视,派出的不是精兵强将。如此一来,如何落实脱贫责任?

师宗县通过监督问责,督促驻村干部、基层组织、挂联单位主动扛起脱贫职责。

通报批评到人

"干部专门上门、频繁进村,进村的人数、次数比原来多多了。"

"填表格、开会,自己一天到晚也很忙,怎么还被通报批评了?"

通报,让李文齐开始反思自己之前扶贫工作中的不足。

"这次通报批评的是我们下宜卡村,可别的村子脱贫攻坚工作真得比我们好很多吗?作为街道党工委委员,我觉得还是该给大家都提个醒,就把对我的通报批评转到了群里。"

被处分,意味着李文齐的年终考核要受影响。"要是不能顺利实现脱贫出列,那才是更大的事儿。"李文齐内疚地说。

一家家重新入户，如今李文齐终于理解了啥叫"绣花功夫"。"现在才真的敢打包票说，最困难的群众也能如期脱贫。"

与李文齐一道被处分的，还有几位挂钩帮扶干部。"以前不少挂钩帮扶干部都是逢年过节或者顺道上贫困户家里慰问，自从被通报后，干部专门上门、频繁进村，进村的人数、次数比原来多多了。"

几个月的忙碌，李文齐感慨万分："脱贫攻坚，得舍得花时间。原来扶贫主要关注'面'，现在越来越多考虑到每个'点'。群众工作不扎实，即便是群众收入增加了、住房改善了，等到验收时，满意度也未必能过关。"

师宗县纪委书记、监委主任雷龙应表示，整治干部作风要对症下药，因人施策。"对庸懒散的干部，既要坚持失责必问责，又要适当激励干部积极作为；对能力不足的，要坚持能上能下，通过培训等方式提升素质。脱贫攻坚工作中，尤其要压实单位责任，倒逼单位将能力强、作风实的干部派到一线。"

2017年以来，师宗县针对扶贫领域谈话提醒270人次，问责25人，其中停职并作出书面检查1人，调整职务1人，免职2人，脱贫攻坚领域失责必问已成常态。

问责单位班子

实际上，与李文齐一起被处分的，除了个人，还有组织。大同街道党工委对脱贫攻坚工作开展经常性督查不够，问责不力，被责令向县委、县政府作出书面检查。师宗县民政局党组因对选派的驻村工作人员疏于管理，未按规定划拨驻村工作经费，被通报问责。

大同街道办事处主任刘建华告诉记者，随着脱贫攻坚进入倒计时，街道项目资金由百万左右骤增到千万以上，如何尽快将资金转化成项目落地，对街道是个重大考验。"'主动干'和'等着干'差异巨大，问责后单位干部作风转变特别明显，叉着腰跟村民聊完就走的少了，搬来板凳仔细记录的多了，把时间和精力花在了给群众讲政策、想办法、解决实际困难上，真正沉下身子把群众的事当成自己的事来做了。"

"脱贫攻坚关键在干部。"雷龙应表示，对违纪行为，不仅要问责干部，同时要问责班子。"脱贫攻坚涉及资金量巨大，如果没有好的工作作风，该花的钱不能高效地花出去，会影响如期脱贫。"

"态度蛮横、不作为是摆在桌面的，县委政府明确要求，要从一件件小事做起，狠抓作风。"雷龙应表示，坏风气一旦传染开来，难免影响一个地区、一个部门的脱贫攻坚工作。通过问责单位，特别是单位主要领导，有助于让基层党政机关担起管党治党的责任。

"多约谈提醒是为了少免职撤职。"雷龙应表示，基层干部成长不易，干部免职撤职难免影响工作连续性，只有合理利用监督执纪"四种形态"，才能防患于未然。"还是要坚持以解决问题为目的，通过发现问题、建立问题清单、整改清单，及时督促相关单位及时整改到位。"

——摘编自《脱贫攻坚，失责必问》，《人民日报》2018年7月2日

学者评析

全面建成小康社会，一个也不能少。党的十八大以来，以习近平同志为核心的党中央围绕脱贫攻坚作出一系列重大部署和安排，全面打响脱贫攻坚战，拓展了中国特色扶贫开发道路，脱贫攻坚取得决定性进展。党的十九大明确把精准脱贫作为决胜全面建成小康社会必须打好的三大攻坚战之一，作出了新的部署。如何落实这一系列部署和任务？云南省师宗县通过监督问责，建立问题清单、整改清单，及时督促相关单位整改到位，有力地督促了驻村干部、基层组织、挂联单位主动扛起脱贫职责。

四、增强广大干部的责任担当

习近平总书记多次强调，尽多大责任才会有多大成就。《意见》要求，要教育引导广大干部不负党和人民重托，以守土有责、守土负责、守土尽责的责任担当，在其位、谋其政、干其事、求其效，努力作出无愧于时代、无愧于人民、无愧于历史的业绩。

我们党总揽全局、领导一切，就要对党和国家各项事业负起全面责任，就要把担子压给全体党员，压给各级党组织，尤其是党员领导干部。有权就有责，权责要对等。对全体党员尤其是党员领导干部来说，权力是人民赋予的，只能为人民谋福利。不能只想当官不想干事，只想揽权不想担责，只想出彩不想出力。

党的十八大以来，一系列党内法规的出台，进一步扎紧了问责的制度笼子，有力震慑了种种不负责任、不敢担当的行为，推动党组织和党的领导干部切实把责任扛起来，保证党的领导坚强有力。

以守土有责、守土负责、守土尽责的责任担当，在其位、谋其政、干其事、求其效，要求广大干部必须从抓好本职工作做起。这是每一位干部必须遵循的基本原则，更是干部干事创业的根本。作为党的干部，必须乐于当好人民的"挑夫"，权重不忘责任大，位高不移公仆心。要始终保持高度的责任感，坚持高标准、严要求，自我加压，奋力争先。不能把职责忘在一边，把公仆意识丢在脑后，要沉下心来，居安思危、积极进取，杜绝弄虚作假、好大喜功，积极做好本职工作，对群众关心的热点、难点问题要及时关注、全力解决，做好人民的公仆。

以守土有责、守土负责、守土尽责的责任担当，在其位、谋其政、干其事、求其效，也对广大干部提出了警示，失责就要问责，在权力和责任的关系上，责任是第一位的；在义务和权利的关系上，义务在先。既然选择了入党，就要在党忧党、为党尽职、为民尽责。

他山之石

青岛市李沧区推行"每日一事"手机应用，全程留痕动态管理

山东青岛市李沧区2016年5月底开始实行"每日一事"全程留痕管理机制，并推出"每日一事"电脑软件和手机应用，每个党员干部每天将重要工作内容上传公布，区委和区政府随机抽查、强化动态管理，督促干部认真干事、高效成事，让干事在状态成为工作常态。

"这几户还有点意见，明天进一步沟通解决。""绿化养护方案怎么样了？"从拆迁现场回到办公室，青岛市李沧区沧口街道振华苑社区党委书记姜先敏马不停蹄。一年前，她这个社区干部却"清闲"得很：遛一遛、看一看，一天工作就结束了。

工作做不做、什么时候做、做到什么程度，基层干部有不小的"自由裁量权"——"没人管，没人看"，慢作为、不作为、差作为现象不少。如今，党员干部都忙起来了，姜先敏不是个例。前后反差，源于2016年李沧区推进"两学一做"学习教育常态化制度化打出的一记重拳——"每日一事"全程留痕管理办法。姜先敏曾被叫到街道办事处谈话，大会小会上点名批评，"脸上真是挂不住了"。

能够调动社区干部积极性的"每日一事"全程留痕管理机制，有什么特点？据介绍，这种"痕迹工作法"规定："每日一事、每周一悟、每月一讲、每季一评",每个工作日下午 6 点之前,通过"每日一事"APP 上报当天一项最重要工作,会议除外,细化到当日工作起止时间,图文并茂,面向全区公开发布;每人每周提报一篇感悟,总结提炼本周工作收获感悟和最急需解决的问题;每个月,区级领导干部带头学、上讲台、讲党课,既讲政治理论学习,又讲如何破解重点项目和重点工作推进中遇到的"堵点"和"痛点";每季度开展一次重点项目、重点工作和党建观摩活动,奖一部分、罚一部分。

现在,"没事找事""每天想事"成了姜先敏的习惯,以前棘手的难事、拖了明天拖后天的慢事,都列出了解决时间表。

李沧区建管局开发办主任邓远明说:"'每日一事'也是保护,办事细节可追溯,有哪些困难、如何解决,都可以体现出来,记录在案、有迹可循、追溯可查、监督有方,实干的人自然干劲更足了。"

李沧区委副书记于洋说,2016 年 156 项重点工作,都通过"痕迹工作法"牵住了牛鼻子。

从区委书记到一线工作人员,"每日一事"网络平台涵盖了区级干部、部门和街道负责人、科室负责人和业务骨干、社区负责人等层面干部,以及重大项目组成员,共计 1000 多人,全区工作信息在同一平台上汇集发布。

——摘编自《工作日日上报,干部事事上心》,《人民日报》2017 年 7 月 11 日

 学者评析

> 推进全面深化改革,需要以良好的精神状态攻坚克难、奋发有为。提振干部干事劲头,既要激励支持也要从严管理。申请困难救助、保障房、拆迁……这些大事小情桩桩涉及老百姓切身利益,社区干部只有动起来,才能打通联系服务群众"最后一公里",解决实际问题。山东青岛市李沧区实行的"每日一事"全程留痕管理机制,通过"每日一事"电脑软件和手机应用,让平台覆盖千名干部,进行工作信息汇集发布,让广大干部明确了工作职责,也能随时看到工作成效,促进广大干部时刻牢记自己的责任担当,真正做到在其位谋其政。

五、切实发挥各级领导干部示范表率作用

领导带头、以上率下,是我们推动事业发展的重要法宝,也是我们管党治党的宝贵经验。一个组织要保持稳定和发展,发挥内部骨干和支柱的作用至关重要。《意见》提出,**各级领导干部要切实发挥示范表率作用,带头履职尽责,带头担当作为,带头承担责任,一级带着一级干,一级做给一级看,以担当带动担当,以作为促进作为。**

敢担当、善作为是领导干部基本的政治品格和素质要求,有多大担当才能干多大事业,尽多大责任才会有多大成就。这是由党的性质和宗旨决定的,也是由党员干部的地位和作用决定的。各级领导干部是党的骨干力量,肩负着领导经济社会发展、贯彻落实党的路线方针政策的重任,职责特殊、岗位关键。毛泽东同

志说过："政治路线确定之后，干部就是决定的因素。"① 我们党之所以能走过革命、建设和改革波澜壮阔的历程，成为驾驭世界第二大经济体的执政党，是与各级领导干部积极发挥作用分不开的。在新民主主义革命时期，党和军队的一批又一批领导干部冲锋在前、身先士卒，以舍我其谁的革命英雄气概获得了广大党员群众和全军官兵的由衷钦佩，赢得一个又一个的胜利；在社会主义建设和改革开放时期，广大领导干部奋发有为、锐意进取，以敢为人先的改革精神和实干苦干的务实作风，攻坚克难、砥砺前行，带领人民取得了举世瞩目的成就，迎来了美好幸福的新生活。

当前，我国改革发展进入攻坚阶段，经济运行中面临不少矛盾和困难，解决这些问题任务艰巨。**这就要求加大管党治党的力度，解决领导干部"不作为""乱作为"的问题，调动他们履职尽责、真抓实干的积极性，激励他们更好地带领群众干事创业。**"人不率则不从，身不先则不信。"如果领导干部不在敢于担当作为方面发挥示范表率作用，有什么资格要求别人？因此，各级领导干部要有更高标准，走在前列、当好表率，才能带领广大党员干部跟着学、照着做，激发起上行下效的整体效应，保证党的组织履行职能，保证领导干部忠诚干净担当，保证广大党员以身作则、发挥先锋模范作用。

---

① 《毛泽东选集》（第二卷），人民出版社1991年版，第526页。

先进典型

"旅长村支书"的新追求

"半山半水半月岛,你看景色好不好?岛上千年古老树,还有鹭群来筑巢……"盛夏时节,游客们坐上竹排,听着老船工自编自唱的山歌,欣赏如诗如画的山水风光;住进民宿,感受闽中独特的风情。

这里,是福建省三明市尤溪县半山村,也是福建省10个"美丽乡村典型示范村"之一,然而谁能想到,仅在3年前,这里还是全县有名的"垃圾村""赌博村"。发生这样翻天覆地的变化,村民们都说,多亏了他们的"旅长村支书"——林上斗。

林上斗是一名空军退休干部。从雷达兵某旅旅长的岗位上卸任后,他主动回乡,决心用自己的经验和干劲为家乡父老做点实事。

提起当年的半山村,村民陈明森至今感触颇多:半山村是尤溪县最落后的行政村,资源贫瘠,村民聚赌成风,5条垃圾沟蚊蝇肆虐……

"从军离乡30多年,家乡却还是这么落后。"倍感痛心的林上斗毅然回到半山村。几个月后,他以全票当选为村党支部书记。

谁也没想到,这之后,半山村就发生了脱胎换骨的变化:"垃圾村"变成了"花园村",6米宽的沥青路两旁安装了100盏太阳能路灯,路边花木繁盛,马路上看不到纸屑,主题公园、公共厕所、老人活动院、文化礼堂等设施齐全,排污管道、明暗电线全部下地。新成立的"半月岛生态发展专业合作社",致力开发生态旅游产业和高端农作物种植,全村3年增加收入300多万元。

很多游子、故旧回到半山村,竟然完全认不出过去的村庄了。

"'旅长村支书'给半山村施了什么魔法?"

林上斗说,振兴乡村,村干部必须切实担起责任,脚踏实地,开拓创新。

　　林上斗上任的第一件事，就是推荐了一批人品端正、才干服众的党员干部充实领导班子。"必须加强党建，发挥村党支部的引领带动作用。"他说。村党支部成员挨家挨户走访群众，大小事宜都由村党支部和村民委员会商议后交村民代表会决策施行。强有力的村党支部，使一系列决策得以落地生根。

　　第二件事，是召开了30多年未能召开的全体村民大会。"村民们目光也许不够长远，但觉悟绝对不低。"林上斗说，"一定要激发他们的主人翁意识，发挥群众建设家园的积极性。"

　　获得了绝大多数群众支持后，林上斗开始施展拳脚。"全村自觉拆除了旱厕39个、粪厂4个、猪圈18个，因发展需要砍伐绿竹12万多根。"半山村党支部副书记林上榜说，村民对这些损失至今没要求赔偿，村部就先登记存档。尤溪县政协副主席林思文说，仅以砍伐绿竹为例，先砍后赔，全县只有半山村做得到。

　　村"两委"遇到大事难事，都通过村民代表会、老年人会、妇女会等商讨决策，让群众由"让我干"变成"我要干"，主动参与家乡建设。

　　针对半山村村小地少、山多水多的实际情况，林上斗整合集体资源，建立公平高效的经营管理制度。"乡村振兴必须有一个好的制度来保障，资源共享，共同富裕。"林上斗说。半山村村民以每人交股金200元的形式"入股"合作社，陆续把耕地、宅基地、林地进行整合，村两委只提出意见，资金管理、运作经营由合作社负责。半山村的生态旅游开发、土地流转利用等项目全部由合作社经营管理，实现效益最大化。

　　看到半山村的变化，附近村民十分羡慕："你们真幸运，有个当兵30年的'旅长村支书'。他眼界宽、人脉广，肯定少走弯路。"但林上斗却认为，村干部树立起率先垂范、公正坦荡的形象更重要，在乡村建设中，村支书的品行和才能是特别有效的凝聚力。

任村支书以来，林上斗不领村里一分钱工资补贴，不用公权为自家谋私利，村财务所有资金款项公开透明。在整治环境卫生时，他每天带头上街打扫卫生，带动村民自觉维护村容整洁，如今半山村"比城里很多小区还干净"。

"实施乡村振兴战略，村干部必须勇于担责、善于谋事，当好领头雁。"林上斗说。如今，他又在思索"跨村联建"的路子，争取带动附近3个村庄，共同建设美丽家园。

——摘编自《"旅长村支书"的新追求》，《人民日报》2018年7月31日

学者评析

林上斗从军队旅长岗位退下来后，放弃城市的安逸生活，自愿把党组织关系转到家乡半山村，为社会主义新农村建设再出发，事迹令人敬佩。领导干部当表率，就要带头做合格党员、合格领导干部，就要带头担当负责，在改革发展稳定各项工作中当先锋。领导干部积极担当作为，才能引导广大党员干部见贤思齐，使学先进、赶先进、当先进成为时代风尚。林上斗的事迹让我们看到，一个敢担当、愿作为的书记是如何切实推进了一个村的发展。把带头作用体现在履职尽责上，领导干部才能赢得群众的好口碑。

第二章

鲜明树立重实干重实绩的用人导向

CHAPTER 2

选好人、用对人，是最有效、最直接的激励。把担当作为者用起来，敢于担当、善于作为就会蔚然成风。为此，《意见》提出要鲜明树立重实干重实绩的用人导向，突出"五个过硬"要求，即信念过硬、政治过硬、责任过硬、能力过硬、作风过硬。具体工作中，要做到"五个坚持"：一是坚持好干部标准，大力选拔敢于负责、勇于担当、善于作为、实绩突出的干部。二是坚持从对党忠诚的高度看待干部是否担当作为，既看日常工作中的担当，又看大事要事难事中的表现。三是坚持有为才有位，突出实践实干实效，让那些想干事、能干事、干成事的干部有机会有舞台。四是坚持全面历史辩证地看待干部，公平公正对待干部，对个性鲜明、坚持原则、敢抓敢管、不怕得罪人的干部，符合条件的要大胆使用。五是坚持优者上、庸者下、劣者汰，对不担当、不作为的干部，该免职的免职、该调整的调整、该降职的降职。

一、坚持好干部标准

我们党历来高度重视选贤任能，始终把选人用人作为关系党和人民事业的关键性、根本性问题来抓。习近平总书记指出："用一贤人则群贤毕至，见贤思齐就蔚然成风。选什么人就是风向标，就有什么样的干部作风，乃至就有什么样的党风。"① 因此，要鲜明树立用人导向，让敢担当善作为的干部有舞台、受褒奖。《意见》提出，要坚持好干部标准，突出信念过硬、政治过硬、责任过硬、能力过硬、作风过硬，大力选拔敢于负责、勇于担当、善于作为、实绩突出的干部。

习近平总书记提出的"信念坚定、为民服务、勤政务实、敢于担当、清正廉洁"② 好干部标准，赋予了好干部新的时代内涵，是新时期干部的实践准则和奋斗方向。2018年1月5日，在学习贯彻习近平新时代中国特色社会主义思想和党的十九大精神研讨班开班式上，习近平总书记发表重要讲话，深入阐述推进党的建设新的伟大工程要一以贯之的极端重要性，对中央委员会成员和省部级主要领导干部提出了信念过硬、政治过硬、责任过硬、能力过硬、作风过硬的五点要求。"五个过硬"既是习近平总书记对党的高级干部的根本要求，也是对全体党员干部的殷切希望，为进一步推进全面从严治党、从严治吏指明了方向。广大干部只有不断提高综合素质，切实做到"五个过硬"，才能担当起党和人民赋予的新时代使命任务，做出经得起实践、人民和历史检验的实

---

① 《习近平谈治国理政》（第一卷），外文出版社2018年版，第418页。
② 《习近平谈治国理政》（第一卷），外文出版社2018年版，第412页。

绩，交出成绩优异、人民满意的新时代答卷。

信念过硬要求广大干部带头做共产主义远大理想和中国特色社会主义共同理想的坚定信仰者和忠实实践者。不忘初心，方得始终。对马克思主义的信仰，对社会主义和共产主义的信念，是共产党人的政治灵魂，是共产党人经受住各种考验的精神支柱。只有理想信念坚定的人，才能始终不渝、百折不挠，不论风吹雨打，不怕千难万险，坚定不移为实现既定目标而奋斗。要把坚定理想信念作为党的思想建设的首要任务，教育引导全党牢记党的宗旨，挺起共产党人的精神脊梁，解决好世界观、人生观、价值观这个"总开关"问题，自觉做共产主义远大理想和中国特色社会主义共同理想的坚定信仰者和忠实实践者。

政治过硬要求广大干部牢固树立"四个意识"，在思想政治上讲政治立场、政治方向、政治原则、政治道路，在行动实践上讲维护党中央权威、执行党的政治路线、严格遵守党的政治纪律和政治规矩。旗帜鲜明讲政治是我们党作为马克思主义政党的根本要求。党的政治建设是党的根本性建设，决定党的建设方向和效果。党的干部特别是高级干部要注重提高政治能力，牢固树立政治理想，正确把握政治方向，坚定站稳政治立场，严格遵守政治纪律，加强政治历练，积累政治经验，自觉把讲政治贯穿于党性锻炼全过程，使自己的政治能力与担任的领导职责相匹配。

责任过硬要求广大干部树立正确政绩观，发扬求真务实、真抓实干的作风，以钉钉子精神担当尽责，真正做到对历史和人民负责。担当就是责任，好干部必须有责任重于泰山的意识，坚持党的原则第一、党的事业第一、人民利益第一，敢于旗帜鲜明，敢于较真碰硬，对工作任劳任怨、尽心竭力、善始善终、善作善成。

能力过硬要求广大干部不断掌握新知识、熟悉新领域、开拓新视野，全面提高领导能力和执政水平。党的干部是党的事业的骨干，是人民的公仆。要让广大干部做到能力过硬，需要加强对干部的教育培训，开展精准化的理论培训、政策培训、科技培训、管理培训、法规培训，增强适应新形势新任务的信心和能力。

作风过硬要求广大干部把人民群众放在心中，广泛开展调查研究，在全心全意为人民服务中提升政治站位、提高工作能力，在真心实意向人民学习中拓宽工作视野、丰富工作经验、提高理论联系实际的水平，在倾听人民呼声、虚心接受人民监督中自觉进行自我反省、自我批评、自我教育，在服务人民中不断完善自己，持之以恒克服形式主义、官僚主义，久久为功祛除享乐主义和奢靡之风。我们党来自人民、植根人民、服务人民，一旦脱离群众，就会失去生命力。加强作风建设，必须紧紧围绕保持党同人民群众的血肉联系，增强群众观念和群众感情，不断厚植党执政的群众基础。

"打铁必须自身硬"，《意见》强调的"五个过硬"，就是要求把敢于负责、勇于担当、善于作为、实绩突出的干部大力选拔出来，就是要求广大干部以永不懈怠的精神状态和一往无前的奋斗姿态，提高坚持"五个过硬"的政治站位和政治自觉，一以贯之推进党的建设新的伟大工程，努力使我们党始终成为中国特色社会主义事业的坚强领导核心，为实现"两个一百年"奋斗目标和中华民族伟大复兴的中国梦提供最坚强的政治保证。

他山之石

立体考察，把"两面人"挡在门外

2016年年底以来，沈阳市纪委在选调提拔干部时，坚持需求导向，用什么样的人就考核什么，在传统的考试、单位考察外，增加了面谈、家访、社区访、暗访等内容，将干部考察范围从八小时以内扩展到八小时以外，选调、提拔近40名干部，牢牢把住了纪委机关进人的入口关。

"干部选调选拔必须带着需求导向、问题导向，精准发力，不能一般化、走过场。"辽宁省纪委常委、沈阳市委常委、纪委书记王冬石说："要用什么人就选拔什么人，让干部的政治素质、道德品行、家教家风这些重要却隐形的东西显性化、可量化，在入口处把住用人关。"

经过充分调研，沈阳市纪委机关根据自身特点、用人需求，对干部选用流程进行再造，对选用环节进行优化，设置了"六关"，即推荐关、面谈关、考试关、审核关、考察关、试用关。通过"六关"考察，实现对被考察人选的"六清"，即本人经历清、工作业绩清、家庭状况清、业余爱好清、廉洁情况清、缺点不足清，确保考察结果的真实性。

不同于传统的熟人推荐，在推荐关中，推荐人必须为被推荐者签字背书，康平县纪委书记代国斌说："签字了，就要对被推荐人负责，落笔就要慎重。"

接下来，面谈关设在考试之前。"面谈和面试不一样。考虑到公平，面试时，题目、时间基本固定，对了解考察人员来说，有很大局限性。"市纪委组织部副部长张瑞鹏说："面谈则由几位阅历、经验丰富的领导干部和被考察者深度交流，其文化底蕴、人生观、世界观等，基本都能看出来。"沈阳纪委机关公开选调11名工作人员，被推荐的

49人里,有16人在面谈环节被认为不合适,这16人在考试环节无一人进入前20名。

家访、社区访、暗访是市纪委在考察过程中特别增设的环节,让被考察者从一个"材料里的人""概念化的人",变为立体化的、形象化的人,从一个八小时以内的工作化的人,变为一个八小时以外生活化、社会化的人。

家访主要是了解家教家风,和个人事项报告对比参照;社区访主要是了解在社区里的表现,邻里关系如何,有无拖欠物业费,是否参加党员进社区等活动;暗访则是通过考察组人员的人脉、社会资源,考察被推荐人的为人处世。这样就把被考察者八小时以外的情况,做了全方位"扫描"。

对于审核关,纪委参照选拔处级领导干部的要求,开展"四核查"。一是调档;二是核查个人有关重大事项报告;三是由所在单位出具廉政征询意见;四是深入了解信访举报情况。如有问题,一票否决。

在考察关,"对干部的描述,不能简单一句话定性,得用事例、故事说明,好坏优劣,要让评委们看得出来"。市纪委副书记孙建军要求,"考察者要善于给人'画像'"。

"谈成绩一大堆,谈缺点问题都不爱说。有时在原单位不受欢迎的干部,在考察中往往容易得高票高分,因为大家都想赶紧把他送走。通过与推荐人深入谈话、暗访、家访、社区访4种新办法,就能把隐性的东西挖出来。"第四考察组带队的市纪委信访室副主任王秀玲说。

这种方式也让被推荐人家庭更加了解纪委、支持工作。之前在市建委工作的胡舒在市纪委机关已经试用了3个月。"之前没想到有家访。考察人员到我家后,和我爱人了解了我们的感情状况,介绍了纪委工作性质状态,这样就解除了后顾之忧,很人性化。"

"能到社区考察,这样党员干部进社区活动就有意义了。"于洪区陵西街道桃源社区党委书记王春凤说,"看看干部八小时以外到底怎么样,防止'两面人'提拔重用。有的干部在单位有口皆碑,在社区却飞扬跋扈。现在通过社区访,就防止了片面性。"

——摘编自《立体考察,把"两面人"挡在门外》,《人民日报》2017年7月19日

学者评析

> 纪委机关选人用人,除了业务能力强,干部的政治素质、理想信念、道德品行乃至意志品质都极其重要。而这些往往是隐性的,在以往传统的选人用人过程中,很难体现出来。辽宁沈阳市纪委突破传统的选调干部形式,增设面谈、家访、社区访、暗访等内容,用推荐、面谈、考试、审核、考察、试用六道"关口"给被考察者"画像",把考察范围从八小时以内扩展到八小时以外,让干部从"材料里的人"变成立体化、社会化的人,确保了思想政治硬、综合素质高、业务能力强的干部得到任用。

二、坚持从对党忠诚的高度看待干部是否担当作为

对党忠诚是共产党人的根本,是党保持凝聚力战斗力的基石,每个共产党员在加入党组织时都把"对党忠诚"作为誓言。《意见》提出,要坚持从对党忠诚的高度看待干部是否担当作为,注重从精神状态、作风状况考察政治素质,既看日常工作中的担当,又看大事要事难事中的表现。

党的事业,人民的事业,是靠千千万万党员的忠诚奉献而不断铸就的。一个政党如果没有党员的忠诚,不仅难以履行自己的

政治使命，而且将会成为一盘散沙。**共产党员自愿选择了党的信仰，牢固树立了共产主义的理想信念，就必然会对党和人民事业无限忠诚，铁骨铮铮，随时准备为党和人民利益牺牲一切。**夏明翰、瞿秋白、方志敏等无数优秀共产党员，在革命事业经历挫折时依然坚定理想信念，在生与死抉择中用生命诠释了对党的绝对忠诚，充分展现出共产党人强大的信仰力量和真理力量，也充分展示出共产党人的担当精神。

一段时期以来，干部队伍中出现过一些不担当的问题：有的明哲保身、"爱惜羽毛"，在大是大非面前当"开明绅士"，甚至在涉及党的领导和中国特色社会主义道路等原则问题的政治挑衅面前无动于衷、置身事外；有的见风使舵、投机钻营，对自己政治前途有利的就上、没利的就躲，遇到重大政治事件和敏感问题没有态度，甚至故意耍滑头、当"墙头草"。这些人表面上很风光，但骨头不硬，没有做到对党忠诚，关键时刻靠不住。如果干部队伍中这样的人多了，就会贻害党和人民的事业。

党的十八大以来，习近平总书记反复强调，要坚持对党绝对忠诚的政治品格，必须把牢政治方向、严守政治纪律，增强党性立场和政治意识，任何时候任何情况下都做到政治立场不移、政治方向不偏。2014年5月8日，习近平总书记在同中央办公厅各单位班子成员和干部职工代表座谈时，曾引用诸葛亮《兵要》中的一句话"人之忠也，犹鱼之有渊"来说明党员干部对党忠诚的极端重要性，意思是人有忠诚的品德，就好比鱼有了水。在新的历史条件下，我们党推进全面从严治党，包括制定和实施《关于新形势下党内政治生活的若干准则》和《中国共产党党内监督条例》，一个根本目的就是坚持从党内政治生活"管起""严起"。**通过高扬政治理想、严明政治纪律、强化政治立场等，保持建党时**

中国共产党人的奋斗精神，保持党的先进性和纯洁性，锻造忠诚、干净、担当的党员干部队伍。纵观党的历史和现实，坚守正确的政治立场和政治追求，在整个党的事业和党员生命中带有"风向标""指挥棒"的作用，真正具有灵魂性、决定性的意义。

对党组织而言，为了从对党忠诚的高度看待干部是否担当作为，在考察干部的时候，不仅要听其言，更要观其行；既要看正式场合的表态，也要了解背后说什么、做什么；不仅要定期考察，更要平时观察；不仅要在大是大非问题上考察，看大事要事难事中的表现，也要在平时为人处世的细节和小事上考察，看日常工作中的担当。透过这些，可以更全面、更真实地了解一个干部，避免让对党不忠诚不老实的投机分子钻了空子。

延伸阅读

政治表现不好，一律不用

近年来，山东东营市针对政治标准量化难、定性多、雷同化的问题，探索采取"五考合一"的方法，建立干部政治表现大数据库，政治表现不好的，一律不用，为选准用好干部奠定坚实基础。

该市把政治忠诚细化为"四个意识"是否牢固，是否做到"两个坚决维护"，是否认真贯彻执行党的路线方针政策，有无忘记初心、言行不一、心术不正等现象，通过思想和行动"两个维度"来检验干部政治忠诚。市委组织部派员参加领导班子民主生活会、列席领导班子务虚会、巡听理论学习中心组集体学习、抽查党支部组织生活记录、跟班观察县级干部培训班学员表现，深入了解干部的思想、认识、态度和对重大问题的思考见解。把对党忠诚与干部行动挂钩，组建14个督导组，围绕市委、市政府重要工作部署和重点工作任务，开展常态化、清单式督查考核，不看调门看行动、不看说法看做法，用实际工作成效来佐证和评价干部忠诚度。

着眼考准干部是否存在信念不坚定、搞两面派、做两面人等政治定力不强的问题，该市要求走进干部的工作圈、生活圈、社交圈，既考察干部八小时内的表现，又掌握干部八小时外的情况。在工作圈，常态化开展无任用考察、干部工作专题调研，在综合年度工作、抓党建述职评议、干部考核等情况的基础上，通过与知情人"漫谈式"谈心谈话，对干部进行多角度、全方位"扫描"。在生活圈，全面推行干部考察征求社区党组织意见制度，围绕遵守社会公德、弘扬家庭美德、个人品德修养等方面设计4个评价项目，划分5类评价意见，通过走访楼栋代表、街坊邻居、社区综治人员等，全方位了解干部家庭家风、邻里关系、参与社区管理等方面的表现。在社交圈，从其"圈中人"的身份、爱好、作风等方面切入，了解掌握干部的兴趣爱好、社会交往、遵纪守法等情况，对干部政治定力进行综合分析、侧面印证。

该市立足识别干部能否做到态度鲜明、立场坚定，在关键时刻、急难险重任务中挺身而出、迎难而上，紧紧抓住关键时刻考察干部的政治表现。重点在党的十九大、杭州G20峰会、上合青岛峰会安保维稳等重要节点，看干部能不能站得出来、豁得出去；在新旧动能转换项目建设、全国文明城市创建、脱贫攻坚等重要工作，看干部能不能顶得上去、扛得起来；在安全生产、环保问题整改、拆迁改造等敏感问题，看干部敢不敢坚持原则、动真碰硬。去年以来，从为十九大安保维稳作出突出贡献的政法系统提拔重用县级干部29人，占全市提拔重用干部总数的10.4%；选派12名新提拔的调研员、副调研员担任环保、安监、信访督查专员。同时，对关键时刻冲不上去、政治担当不够的干部，坚决予以调整。

为考准干部是否具备把握政治方向、驾驭政治局面、防范政治风险等能力，该市把实践一线作为考验干部、识别干部的"赛马场"。建立领导干部联系重点工程项目制度，每个重点工程项目都明确责任领导和责任单位，在项目建设一线考察干部；选派349名优秀机关干部到农村开展下派帮扶工作，在脱贫攻坚一线考察干部；选派12批69名优秀科级年轻干部、女干部到信访部门挂职，在维护稳定一线考察干部；选派3批270名县级领导干部开展联系服务企业工作，在产业转型升级一线考察干部。通过在一线观察干部最鲜活的情况，面对面听取群众反映，准确掌握干部政治能力和工作表现的第一手资料，为干部选拔任用提供了有力依据。去年以来，从基层一线和重点岗位工作成绩突出的干部中提拔重用131人，占提拔重用干部总数的47.1%。

该市围绕考准干部是否守纪律、讲规矩，有无违反"五个必须"、搞"七个有之"等方面的细言微行，重点观察干部的"三个表现"：关注干部的日常表现，建立完善日常管理台账，进行全程纪实，突出察看有没有把讲政治抓在经常、融入日常。1名县级干部因在党员干部德廉和党风党纪测试中作弊，被通报批评并取消进入党组资格。考察干部的作风表现，了解干部在公务用车、会议接待以及婚丧嫁娶、子女升学等方面的情况，对违反政治纪律和政治规矩的干部，严肃处理。监督干部的组织表现，严格落实"凡提四必"和组织工作重要事项报告制度，察看干部有无瞒报、漏报情况，是不是对组织说实话、讲实情；用好干部监督信息，汇集纪检、信访、审计等部门线索，相互补充印证，察看干部是不是一贯说老实话、做老实人。在县乡领导班子换届中，有4名人选因经历不清、学历不实、年龄造假等问题被取消提名资格。

——摘编自《政治表现不好，一律不用》，《中国组织人事报》2018年7月27日

学者评析

> 山东东营市的"五考合一",就是综合运用日常考核、分类考核、近距离考核等方式,既听其言又观其行、既看一时又重一贯、既全方位又明重点,全面历史辩证地识别评价干部,把牢干部选用的政治关,使干部始终在政治上站得稳、靠得住、信得过。精准考察干部政治表现,既引导广大党员干部划清政治红线,努力做政治上的明白人,更有助于一把手理直气壮地抓班子带队伍,加强政治建设,不断锤炼干部的政治品格、政德修养和党性初心。

三、坚持有为才有位

习近平总书记在 2016 年参加十二届全国人大四次会议黑龙江代表团审议时指出,干部干部,干是当头的,既要想干愿干积极干,又要能干会干善于干。有为才有位,这一鲜明的价值理念,映照出选人用人的朴素逻辑。对于干部来说,其成长的关键路径,就是实干与作为。干事创业容不得慵懒懈怠,改革创新容不下"为官不为"。为此,《意见》提出,**坚持有为才有位,突出实践实干实效,让那些想干事、能干事、干成事的干部有机会有舞台。**

实践的观点是马克思主义哲学的核心观点,实事求是是党的思想路线的核心内容,求真务实、真抓实干是我们党的优良传统和作风。习近平总书记在庆祝中国共产党成立 95 周年大会上的讲话中强调,选用干部要坚持事业为上。这一要求对于做好新时期干部选拔任用工作具有重要的指导意义和很强的现实针对性。**以事业为上,坚持有为才有位,突出实践实干实效,是坚持正确选**

人用人导向十分重要的方面，是选好人用准人的根本出发点，任何时候都必须坚持好。而实际工作中一些地方和单位选人用人往往忽视事业发展和工作需要，不是看谁优秀、谁合适，而是看谁资历深、轮到谁；个别的甚至不顾地方发展和老百姓利益，搞论资排辈，把明知不胜任的干部放在重要领导岗位，这是对党的事业不负责任的表现。事实证明，岗位要跟才能相匹配，尤须以实绩作支撑，实干是实干者的通行证。天上不会掉馅饼，幸福都是奋斗出来的。对个体来说，要想实现个人价值、更好成就自我，就必须撸起袖子加油干。一个干部究竟好不好，不能只听他在会上、纸上说了什么，关键是要看他在工作中做了什么。

《意见》提出"让那些想干事、能干事、干成事的干部有机会有舞台"，就是要求选拔任用干部，在事业发展与干部成长这两个因素的把握上，一定要始终抱着对党和人民事业高度负责的精神，坚持党的原则第一、党的事业第一、人民利益第一，把事业需要、岗位要求与促进干部成长、调动各方面积极性有机结合起来，做到以事择人、依岗选人、人岗相适，使事业在优秀干部推动下兴旺发达，让干部在推动事业发展中健康成长。

下一步，按照中央部署要求，中组部将在全国范围内发现、宣传、重用一批敢于担当、奋发有为的先进典型，进一步树立鼓励和引导广大干部干事创业、改革创新的良好用人导向。

他山之石

"三个用起来"，激励干部勇担当

近年来，湖南张家界市认真贯彻落实好干部标准，以正确用人导向为引领，强化容错免责，加强教育培训，注重激励关怀，不断激励广大干部担当作为、干事创业、争创一流。

该市坚持导向引领，让干部干有方向。制定《关于树立"三个用起来"用人导向激励干部担当作为干事创业的意见》，旗帜鲜明地提出：讲团结，把开放包容的干部用起来；比实绩，把勇当龙头的干部用起来；重担当，把攻坚克难的干部用起来。配套出台《张家界市脱贫攻坚干部考核激励办法》《张家界市重点工程建设干部考核试行办法》等系列制度文件，着重在脱贫攻坚、重点工程建设、信访维稳等急难险重岗位和基层一线培养锻炼、发现使用干部，引导广大党员干部聚焦担当作为、干事创业、开拓创新。

为敢于担当负责者担当负责，该市认真贯彻习近平总书记"三个区分开来"重要讲话精神，先后制定出台《鼓励党员干部改革创新担当的意见》《支持国家工作人员改革创新建立容错免责机制的实施办法（试行）》等文件，注重划清失误与失职、敢为与乱为、负责与懈怠、为公与为私的界限，从教育引导、澄清保护、容错免责、结果运用等多个方面建立了容错纠错机制，创造宽容改革创新失误的良好环境，为敢于干事创业的党员干部解除后顾之忧，让干部干有底气。制度推行以来，全市有8名处级干部免于党纪政纪处分，1名处级干部通过复议撤销了党纪处分，大胆起用了5名受处分后热情不减、业绩突出的干部。

按照党的十九大提出的"建设高素质专业化干部队伍"要求，该市重点围绕提升干部政治素质和专业能力开展教育培训，让干部干有能力。围绕提升政治素质，先后组织开展十八届六中全会精神、习近平总书记系列重要讲话精神、党的十九大精神等多项专题培训，全市共举办培训班300个，培训各级各类干部19510人次，实现了全覆盖。围绕提升专业能力，依托各级党校资源重点开设乡村振兴战略培训班、招商引资和工业园区建设等6个特色专题班，依托高校专业教育资源举办专业化能力培训班33期,涉及城市建设与管理、旅游管理、财政金融、交通运输等10多个行业,培训各类各专业干部2210人。同时,有计划地安排干部外出挂职学习或参与脱贫攻坚、巡视巡察、信访维稳、重大项目建设等一线工作,让干部在工作实践中增强专业才能。

该市主要采取谈心谈话、人文关怀、表彰奖励等方式,激励关爱广大干部,让干部干有奔头。建立完善各级党委和组织部门谈心谈话机制,出台《关于对市管干部进行提醒、函询和诫勉的操作办法》,通过定期与干部谈心谈话,及时了解掌握他们的思想、工作和生活状况,对有现实困难和问题的,及时出面协调、帮助解决;对存在苗头性、倾向性问题的,及时扯袖子,防止小毛病演变成大问题。在干部任免调配工作中,充分考虑干部个人诉求和实际困难,对身体状况不佳或家庭确有困难的干部适时进行岗位调整。加强表彰奖励,在全市范围表彰优秀共产党员20名,选树优秀乡镇(街道)党(工)委书记10名、村党支部书记标杆10名、优秀党务工作者20名,积极向上级组织部门推荐"三大攻坚战"等先进典型人选15名。对在脱贫攻坚、重点项目、信访维稳、城市建设等急难险重岗位和基层一线表现突出的干部给予嘉奖或记功奖励,2016年以来,嘉奖65人,记三等功41人,记二等功6人。

——摘编自《三个用起来,激励干部勇担当》,《中国组织人事报》2018年7月11日

学者评析

为官避事平生耻,有为就要有担当,有多大担当才能干多大事业,尽多大责任才会有多大成就。湖南张家界市出台的《关于树立"三个用起来"用人导向激励干部担当作为干事创业的意见》等一系列文件,树立了讲团结、比实绩、重担当的用人导向,激

励干部勇担当。2016年换届以来，湖南张家界市提拔重用了128名业绩突出、表现优秀的干部，提拔9名表现突出的区县党政班子成员担任市直单位一把手。这些实实在在的干部选任的做法，将广大干部的关注点集中到了想干事、能干事、干成事上。

四、坚持全面历史辩证地看待干部

用人得当，就要坚持全面、历史、辩证地看待干部，注重一贯表现和全部工作。对那些勇担当、有本事、坚持原则、不怕得罪人、个性鲜明的干部，往往会出现认识不尽一致的情况，这就需要组织上为他们说公道话。《意见》提出，坚持全面历史辩证地看待干部，公平公正对待干部，对个性鲜明、坚持原则、敢抓敢管、不怕得罪人的干部，符合条件的要大胆使用。

准确地识别干部，科学地评价干部，是用好干部的前提。 而准确地识别干部、评价干部历来是干部工作最复杂、最具挑战性的内容之一。马克思主义认为，任何事物都不是单一的、片面的、静止的。毛泽东同志指出："必须善于识别干部。不但要看干部的一时一事，而且要看干部的全部历史和全部工作，这是识别干部的主要方法。"[1] 邓小平同志也讲过："干部的好坏长短应该从他的长期工作中去鉴别，而不要只从某一运动或某一短时期的表现去鉴别。"[2]

不可否认，敢于坚持原则、有担当的领导干部，在工作中难免会遇到复杂的利益冲突和矛盾纠纷。组织上要对勇于担当、有

---

[1] 《毛泽东选集》（第二卷），人民出版社1991年版，第527页。
[2] 《邓小平文选》（第一卷），人民出版社1994年版，第315页。

本事、坚持原则、不怕得罪人、个性鲜明的干部说公道话，在考察中听到对某个干部的负面评价时，应当首先注意扩大调查范围、核实所反映情况的准确性，不能因为个别人的一面之词，就轻易把某个干部"一棒子打死"。**要把担当作为的好干部用起来，尤其对那些任劳任怨、扛重活、打硬仗的干部，那些面对关键时刻、重大任务豁得出来、冲得上去的干部，那些个性鲜明、坚持原则、不怕得罪人的干部，要及时提拔使用，为他们施展才智、建功立业提供广阔舞台。**

《意见》强调坚持全面历史辩证地看待干部，公平公正对待干部，就是要运用普遍联系的观点和发展变化的眼光看待和对待干部，这样才能真正体现用人上的选贤任能和公道正派，激励广大干部和各类人才展示才华、成就事业、实现理想。

延伸阅读

辩证看待干部决策失误和履职失范

强化崇尚实干的用人导向、强化科学有效的激励导向、强化鼓励担当的执纪导向……2017年11月20日，中共广东省佛山市委颁布了《关于建立健全激励机制鼓励干部担当有为的若干意见》，出台了12条一揽子措施，激励干部"撸起袖子加油干"，打造忠诚干净担当的高素质干部队伍。实施半年多来，当地干部群众纷纷称赞"及时雨""很给力"。

"我市的援藏援疆援川干部和其他对口扶贫干部，舍小家为大家，充分体现了政治担当和大局观念，回来以后几乎都得到了重用，其中7名处级干部还被任命为'一把手'。"佛山市委组织部干部一科科长张志彬说。

佛山坚持好干部标准，在中心工作、重大项目、重点改革领域中培养选拔干部，切实为担当作为的干部提供"舞台"。佛山市经济社会发展的主战场在乡镇街道，最近区级换届，就一次性提拔重用了19名乡镇街道党政班子成员，占去该次提任干部总数的一大半。

谈起正在"大显身手"的《关于建立健全激励机制鼓励干部担当有为的若干意见》，佛山市委常委、纪委书记、监察委主任梅河清如数家珍："我们一开始就明确了'强化崇尚实干的用人导向'，并为之设置了三条具体原则——以忠诚干净担当的标准选人用人，建立健全容错纠错机制，健全领导干部能上能下机制。"

要干事业，尤其是干前人未干过的事业，总会遇到这样那样的风险。根据广东省委办公厅《关于贯彻"三个区分开来"治理为官不为的意见》，佛山坚持历史辩证地看待干部决策失误和履职失范行为，宽容干部在工作中特别是改革创新中的失误，旗帜鲜明地为敢于担当的干部担当，为敢于负责的干部负责。据禅城区纪委党风政风监督室副主任贺珏介绍，2017年以来，该区共受理并确定容错申请事项15项，为101名党员干部澄清了问题。

对于受处分后吸取教训、积极工作，德才表现和工作实绩突出的干部，也会适时重新任用。在最早开展干部履职容误机制建设的南海区，去年，广东省纪委暗访曝光了该区桂城街道麻洪村部分农用地遭违法填埋、被严重破坏问题，街道党工委委员谭某作为分管领导因履职不力受到行政警告处分，心情一时跌入谷底。南海区监委委员刘清瑜知悉后，马上指导街道及时成立了由党工委书记任组长的教育评估工作组，建立起"一帮一"的教育帮扶清单和工作台账，重新点燃了谭某工作的热情。之后，他埋头苦干，积极破解城市管理难题，在民主测评中，得到了参与测评干部100%的优秀评价。

——摘编自《严管加厚爱，干部在状态（干部状态新观察·激励担当作为）》，《人民日报》2018年7月5日

学者评析

> 要坚持全面历史辩证地看待干部，公平公正对待干部，就需要旗帜鲜明地为敢于担当的干部担当，为敢于负责的干部负责。通过实施《关于建立健全激励机制鼓励干部担当有为的若干意见》和《关于贯彻"三个区分开来"治理为官不为的意见》，佛山市建立起了科学的用人导向，重用忠诚干净担当的好干部，也辩证地看待干部决策失误和履职失范。

五、坚持优者上、庸者下、劣者汰

激浊方能扬清，对不作为慢作为的干部坚决予以调整，往往能够形成调整一个、教育一片、警示一批的震慑效应。为此，《意见》明确提出，坚持优者上、庸者下、劣者汰，对巡视等工作中发现的贯彻执行党的路线方针政策和决策部署不坚决不全面不到位等问题，组织部门要及时跟进，对不担当不作为的干部，根据具体情节该免职的免职、该调整的调整、该降职的降职，使能上能下成为常态。

新时代是奋斗者的时代，党和人民的事业需要更多的促进派、实干家。说到底，无论对少数不担当不作为者的雷霆问责，还是对见贤思齐、奋发有为者的引导激励，目的都是为了激扬奋斗精神，让责任落地生根，营造担当作为、干事创业的良好氛围，凝聚形成创新创业的强大合力。

坚持优者上、庸者下、劣者汰，首先要做到"优者上"，应大胆地用，让敢担当善作为的干部有舞台、受褒奖。是金子总会发光的。党组织绝不会埋没人才，绝不会不识别那些对党和人民作出贡献的人。选好人、用对人，是最有效、最直接的激励。把担当者用起来，敢于担当就会蔚然成风。

坚持优者上、庸者下、劣者汰，重点和难点是解决"下"和"汰"的问题。1962年邓小平同志在《执政党的干部问题》一文中曾提及："多少年来，我们对干部就是包下来，能上不能下。现在看来，副作用很大。"① 在干部工作中，既要把党和人民需要的好干部选准用好，又要把那些存在问题或者相形见绌的干部调整下来。按照《意见》要求，应坚决地调，让不作为慢作为的干部让位子、受警醒。党的十八大以来，随着全面从严治党的深入推进，干部乱作为问题得到有效遏制，但仍有一些干部庸政懒政怠政，认为只要不违法违纪即可，工作中"不求有功但求无过"，总想当"太平官"。这些干部不仅没有起到积极的表率作用，还在干部群众中造成了消极影响。为惩治这种行为，中央出台了《中国共产党问责条例》《推进领导干部能上能下若干规定（试行）》等党内法规，为党的各级干部明确了行动戒尺，要进一步让"有权必有责、有责要担当、用权受监督、失责必追究"成为广大干部的共识，并在实践中认真贯彻落实。

要明确调整的重点。激励干部新担当新作为，必须态度坚决、措施有力，对那些不作为、慢作为的，作风漂浮、热衷搞花拳绣腿的，消极懈怠、萎靡不振的，不愿负责、不敢碰硬的，都要坚决处理、果断调整。要畅通"下"的渠道。综合采取调离、改任非领导职务、免职、降职等方式，对不适宜、不适应岗位的干部，按照规定履行调整程序，确保干部下得合规、下得合理、下得服气。

推进优者上、庸者下、劣者汰，执行是关键环节。从以往经

---

① 《邓小平文选》（第一卷），人民出版社1994年版，第329页。

验看，一些领导同志不敢担当、怕得罪人，是干部能上不能下的重要因素。要让《意见》落到实处、见到实效，就一定要强化责任担当，提高制度执行力。必须建立工作责任制，明确责任，加强督查，对执行不力、问题突出者严肃问责，形成倒逼压力。各级党委（党组）和组织人事部门切实负起责任，各级领导特别是主要负责同志要坚持原则，敢于负责、敢于担当，做到真管真严、敢管敢严、长管长严。

延伸阅读

负面清单让庸懒散干部混不下去

浙江省绍兴市新昌县羽林街道一名村书记，长期外出经商，对村里工作不闻不问，该村建设全面落后，群众意见很大。在绍兴村级组织换届"回头看"民主评议时，因排名靠后，该书记被给予停职处理。

这则处理村社干部的通报，在当地引起热议，在今年3—4月集中开展的村社组织换届"回头看"中，有187名村社干部受到停职或免职处理，其中91名是村社主职干部。另有293人被警示提醒，297人被通报批评，574人被诫勉谈话。

这些村社干部的主要问题是：平时得过且过或长年外出对村事务不闻不问，群众办事找不到人，导致各项中心工作全面落后。"如今在绍兴，大错不犯、啥事不干的村社干部已经很难立足。"绍兴市组织部长徐晓光说。

绍兴市现有2644个村社，村社干部1.8万名，其中主职干部4581名。此次评议共有1351名村社干部被评定为"不合格"。

2017年年底，绍兴全面开展村级班子"履职体检"，村级组织换届后履职践诺情况得到全面检验，一批"承诺不践诺、任职不履职、上岗不在岗"的不合格村社干部受到集中处理。2018年4月，绍兴再次深化村级班子"履职体检"，抓好村社组织换届"回头看"，专门组建由城镇班子成员、"两代表一委员"、驻村指导员和党员村民代表等构成的调查组，调查换届后村社班子的履职状况，有22万余名党员群众参加了评议。

同时，绍兴拟定、形成了85项"回头看"作业清单和20项履职负面行为清单。"五星达标、3A争创"，最多跑一次、农村"微腐败"整治、后进村党组织整转等重点工作一票否决；"未履行书面请假手续或虚报去向信息""一年累计请假天数超过10天"都纳入履职扣分细则，对村干部履职是否到位有明确要求；从环境整治到党日活动等基层党建工作都列入考核任务，对村社干部的履职测评划分为"优秀""合格""不合格"三个等次。据悉，此次停、免职处理的187名村社干部中，有从事了20多年村务工作的老书记，也有去年才换届上来的新干部，全市村社干部都很受震动和教育。"当好村干部，就得一心扑在村子里。我现在把村里当家里一样在建设。"诸暨市赵家镇东溪村支书何金灿说。

——摘编自《负面清单让庸懒散干部混不下去》，《人民日报》2018年7月16日

学者评析

向不担当、不作为的现象开刀问责，是每一个党组织的应尽之责。倘若党组织失责不问、问责不严，就会形成默许和纵容，容易导致"干与不干差不多、干好干坏一个样""多干多错、少干少错、不干不错"等错误思想滋生蔓延。绍兴通过村社组织换届"回头看"和村级班子"履职体检"的方式，将村社干部履职负

面行为清单落到实处，并对部分履职不到位干部进行停、免职处理，在干部队伍中形成了"优者上、庸者下、劣者汰"的良好局面，对推动干部积极主动干事创业起到了促进作用。

第三章

充分发挥干部考核评价的激励鞭策作用

CHAPTER 3

"有官必有课，有课必有赏罚。"科学有效的考核是干部选拔、调整、激励、约束的重要手段。《意见》明确提出要充分发挥干部考核评价的激励鞭策作用，切实解决干与不干、干多干少、干好干坏一个样的问题，从"考什么、如何考、结果怎么用"等方面提出要求，凸显了干部考核工作的问题导向、目标导向、效果导向。"考什么"，要适应新时代新任务新要求，把贯彻执行党中央决策部署的情况作为考核重点，突出政治考核、作风考核、实绩考核，体现差异化要求，合理设置干部考核指标。"如何考"，要制定出台党政领导干部考核工作条例，构建完整的干部考核工作制度体系，改进考核方式方法，增强考核的科学性、针对性、可操作性。"结果怎么用"，要将结果作为干部选拔任用、评先奖优、问责追责的重要依据，同时加强考核结果反馈，引导干部发扬成绩、改进不足、忠于职守、担当奉献，更好地调动和保护各区域、各战线、各层级干部的积极性。

一、干部考核评价"考什么"

干部考核评价工作历来被视为干部工作的"指挥棒",因为干部考核评价是选拔任用干部的前提,考核评价的结果是选拔任用干部的重要依据。科学有效的考核评价,是大胆选用干部、坚决调整干部的重要手段。"指挥棒"用得好,激励鞭策、奖优罚劣,能够调动干部的积极性和主动性,激发干事创业的动力与活力。

《意见》提出,适应新时代新任务新要求,完善干部考核评价机制,切实解决干与不干、干多干少、干好干坏一个样的问题,这为新时代的干部考核工作立了标、定了向。在干部考核评价具体"考什么"方面,《意见》指出,要突出对党中央决策部署贯彻执行情况的考核;体现差异化要求,合理设置干部考核指标;完善政绩考核,引导干部牢固树立正确政绩观,防止不切实际定目标,切实解决表态多调门高、行动少落实差等突出问题,力戒形式主义、官僚主义。

(一)突出对党中央决策部署贯彻执行情况的考核

"事在四方,要在中央。"党中央是党的领导决策核心,中央制定的路线方针政策,是全党全国人民统一思想、统一意志、统一行动的基本依据。只有坚决维护党中央权威,不折不扣地贯彻执行党中央制定的大政方针和作出的决策部署,才能把全党全国人民紧密团结在党中央周围,把全社会各方面的智慧和力量汇聚到中国特色社会主义事业的伟大实践中来,形成万众一心、无坚不摧、无往不胜的磅礴力量。

党的十九大对新时代中国特色社会主义发展作出的一系列战略安排、重要部署，为实现中华民族伟大复兴的中国梦描绘了美好蓝图、指明了前进方向、规划了现实路径，也为广大干部做好各项工作提供了根本遵循。在此背景下，广大干部应增强大局观念，一切服从和服务大局，摆正本地区本部门工作在全局中的位置，不折不扣贯彻落实党的十九大作出的重大决策部署。要丰富知识素养，坚持干什么学什么、缺什么补什么，结合工作需要学习各方面知识，打牢全面、系统、专业的知识根底。要坚持问题导向，增强底线思维，切实做好各项风险防范工作，在真抓实干、破解难题中开拓事业发展新局面。

党中央的决策部署应体现在对干部的考核评价中。通过决策部署进考核，广大干部能够更加深入地把握中央决策部署，能够更有动力地贯彻执行中央决策部署。事实上，我们党对干部的考核评价体系一直以来都体现了中央决策部署精神。新时代强调"突出对党中央决策部署贯彻执行情况的考核"，就是要促进各级干部更加迅速及时地贯彻落实中央决策部署，要让广大干部有强烈的责任意识、使命意识，勇于负责、敢于担当，直面问题、解决问题，决不能敷衍塞责、得过且过、甘做"太平官"。因此，应按照《意见》要求，突出对党中央决策部署贯彻执行情况的考核，按照精准化、差异化的要求，合理设置干部考核指标，改进考核方式方法，把平时考核、政绩考核、专项考核往深里抓、往实里做。尤其要注重看干部是直面困难、积极作为还是消极推诿、转移责任，是"真作为"还是"假政绩"。

他山之石

河南构建 "综合＋专项" 考评体系

近年来,河南省委以习近平新时代中国特色社会主义思想和党的十九大精神为指导,以贯彻中央新精神新要求、推进重点工作实效等为主要评价依据,建立完善领导班子和领导干部"综合＋专项"考评体系,引导广大干部主动担责担难担险。

围绕贯彻新精神新要求优化综合考核。省委书记对此工作高度重视,提出"要符合激励和约束两种导向,认真研究改进完善的办法"。在坚持年度考核、目标考核、党风廉政建设责任制考核"三考合一"基础上,及时调整优化考核指标,改进考核办法手段,鲜明树立起正确的政治导向、发展导向、实绩导向、作风导向。一是围绕协调推进"四个全面"战略布局建立考核评价指标体系。统筹各类考核要素,合理分配分值权重,设置4大类25项测评指标,用考核"指挥棒"引导全面协调发展。及时清理和调整与新发展理念不相符的考核评价指标,突出对节能减排、环境保护、安全生产、民生改善等约束性指标的考核;持续纠正"唯GDP"偏向,强化任期内举债情况考核,防止急于求成、搞政绩工程。二是坚持把政治标准作为首要标准。深入考察"四个自信"坚定不坚定、"四个意识"牢固不牢固、"两个维护"坚决不坚决,重点了解履行管党治党责任、担当作为、廉洁从政、落实中央八项规定及实施细则精神和省委省政府20条意见等情况。专门设置政治卡点,对年度内政治上出现问题造成较大不良影响的,或履行管党治党责任不力,违反廉洁自律规定的领导班子和领导干部,一票否决。三是服务知事识人建好"四个清单"。考核组在被考核对象自评基础上,利用总结汇报、个别谈话、实地察看、民主测评、参与民主生活会以及征求巡视巡察、审计和信访部门意见等形式，汇总形成实绩清单、特色工作清单、问题清单、意见建议清单"四个清单"，作为对领导班子和领导干部研判评价的重要依据。

针对重大决策部署实施专项考核。一是适时调整专项考核内容。2017年将精准脱贫、国企改革、环境污染防治、转型发展攻坚纳入专项考核；2018年将防范化解重大风险、精准脱贫、污染防治攻坚纳入专项考核，引导各地各部门积极投身攻坚任务。二是建立健全考核制度。先后出台了脱贫工作成效考核办法、市县党政正职履行脱贫攻坚责任考评办法、实行最严格水资源管理制度考核工作实施方案等制度和办法，为专项考核工作提供了制度依据。三是严格落实考核责任。构建日常考核与年度考核一体化的攻坚考核体系，采取与常态化督查巡查结合的方式加强日常考核，对履行攻坚责任有力有效的给予表彰奖励，对责任落实不力、效果差的视情况约谈批评、公开通报、组织调整，督促各地各部门切实把责任扛在肩上、落到实处。在脱贫攻坚工作中，组成10个专职督查巡查组，明察暗访，督查结果纳入专项考核综合评定，倒逼责任落实。

加强综合分析研判强化结果运用。考核评价采取定性与定量相结合、组织评价与群众评议相结合方式，在综合考核按100分、每个专项考核和第三方民意调查各按10分计算总分的基础上坚持"两个比较"做好分析研判，统筹考虑分管省领导评价意见，对班子运行和干部德才表现，坚持纵向历史比较，依托干部综合考核信息库，对比分析班子和干部近3年来考核情况的发展演变，察看进退变化；坚持横向同类比较，根据工作性质、职责要求、功能定位、资源禀赋、发展基础等，对比分析班子之间、班子内部各成员之间的考核情况，全面历史辩证地评价班子和干部履职尽责情况。奖勤奖优的同时加大罚懒罚劣力度，在脱贫攻坚工作中，根据中央和省级2016年扶贫开发工作成效考核结果，对6个省辖市、3个省直管县（市）给予通报表扬和奖励，对3个县党政主要负责同志进行诫勉谈话，对2个县党政主要负责同志进行职务调整，切实使求真务实的导向立起来、真抓实干的规矩严起来。

省委常委、组织部部长孔昌生提出，"下一步，对考评体系将坚持问题导向持续改进，不断强化在选拔任用体系、从严管理体系、正向激励体系等五个体系建设中的基础作用，为奋进新时代、让中原更加出彩树好风向标"。

——摘编自《旗帜鲜明激励干部担责担难》，《中国组织人事报》2018年8月31日

学者评析

> 崇尚实干、狠抓落实是党中央反复强调的重要问题，推动中央决策部署贯彻落实，坚决维护中央权威，保证中央政令畅通，是全党共同的责任。如果不沉下心来抓落实，再好的目标，再好的蓝图，也只是镜中花、水中月。河南省针对重大决策部署实施专项考核，将中央防范化解重大风险、精准脱贫、污染防治攻坚等战略部署纳入专项考核，真正把中央的决策部署转化为广大干部的自觉行动。

（二）完善政绩考核，体现差异化要求

如何考准考实干部政绩，是个难点。以前，各地以GDP为主要指标进行政绩考核，有效推动了经济发展，但也出现了"唯GDP论"的倾向。"以GDP论英雄"等问题造成了许多负面效应：有些干部以增长代替发展，忽视民生改善与社会和谐；有些地方大搞"政绩工程""形象工程"，严重浪费资源、损害环境。因此，

习近平总书记强调:"要改进考核方法手段,既看发展又看基础,既看显绩又看潜绩,把民生改善、社会进步、生态效益等指标和实绩作为重要考核内容,再也不能简单以国内生产总值增长率来论英雄了。"① 党的十八届三中全会《中共中央关于全面深化改革若干重大问题的决定》提出,完善发展成果考核评价体系,纠正单纯以经济增长速度评定政绩的偏向。2013年12月,中央组织部发布《关于改进地方党政领导班子和领导干部政绩考核工作的通知》,从政绩考核导向、考核评价指标、政绩考核内容、责任追究等多个方面改进领导干部政绩考核标准,建立全面完善的政绩考核体系。**这些理念和举措使GDP不再是政绩考核评价的唯一指标,选人用人不再是简单地以GDP增长率论英雄,提高了政绩考核的合理性。**

本次出台的《意见》,就完善干部政绩考核再次提出了明确要求。只要用好干部考核这根"指挥棒",增强考核的科学性、针对性和可操作性,推动领导干部树立正确政绩观,引导广大干部贯彻落实新发展理念,就会有更多改革攻坚的促进派、实干家冒出来,凝聚形成新时代创新创业的强大合力。

要完善干部考核评价体系,就要在考核中突出科学发展导向。地方党政领导班子和领导干部的年度考核、目标责任考核、绩效考核、任职考察、换届考察以及其他考核考察,要看全面工作,看经济、政治、文化、社会、生态文明建设和党的建设的实际成效,要看解决自身发展中突出矛盾和问题的成效,不能仅仅把地区生产总值及增长率作为考核评价政绩的主要指标,不能搞地区生产总值及增长率排名。中央有关部门不能单纯以地区生产总值

---

① 《习近平谈治国理政》(第一卷),外文出版社2018年版,第419页。

及增长率来衡量各省（自治区、直辖市）的发展成效。地方各级党委政府不能简单以地区生产总值及增长率排名评定下一级领导班子和领导干部的政绩和考核等次。对那些急于求成、寅吃卯粮、弄虚作假、盲目举债搞建设的行为，应在考核内容设置上予以惩戒，引导干部强化"功成不必在我"的境界和"功成必定有我"的担当。

要完善干部考核评价体系，就要进一步完善政绩考核评价指标。不同区域，资源禀赋不一；不同单位，职能职责各异。应根据不同地区、不同层级领导班子和领导干部的职责要求，设置各有侧重、各有特色的考核指标，把有质量、有效益、可持续的经济发展和民生改善、社会和谐进步、文化建设、生态文明建设、党的建设等作为考核评价的重要内容。强化约束性指标考核，加大资源消耗、环境保护、消化产能过剩、安全生产等指标的权重。更加重视科技创新、教育文化、劳动就业、居民收入、社会保障、人民健康状况的考核。

他山之石

江西换了发展 "指挥棒"

江西南昌湾里区，森林覆盖率高达73.7%，这笔绿色财富一度被忽视。为了闪亮的经济数据，湾里区过去把发展重心放在重工业上，结果是财政数字向上涨，环境指标往下掉，引发负面影响。

2013年9月，江西省出台《2013年度市县科学发展综合考核评价实施意见》（以下简称《实施意见》），对11个设区市和100个县（市、区）予以差别化分类考核评价。《实施意见》整合了全省各类考核评价体系，取消了单项考核，成为省委、省政府在新起点上引领全省市县科学发展、转型发展的"指挥棒"。

科学修正"唯 GDP 论英雄"的发展观

江西省统计局国民经济综合统计处处长彭勇平表示，《实施意见》从考评方法到指标体系都有新的突破，实施科学发展综合考评，实行差别化分类考评，注重民生民意。

具体来说，《实施意见》对江西 11 个设区市和 100 个县（市、区）予以差别化分类考核评价。其中，县（市、区）按《江西省主体功能区规划》分成 35 个重点开发区、33 个农业主产区、32 个重点生态区三类，对经济发展及成效、生态环境保护指标设置三类权重，各类县（市、区）分别单独计分。

这样，整个方案既考虑了各地的发展基础和客观条件，又考虑了主体功能区划上的差异，使得一些小市县也能获奖，从制度上对"唯 GDP 论英雄"的发展观进行了科学修正。

"县域经济就是特色经济，不能一把尺子量到底。"南丰县委书记祝宏根认为，新的考评体系能够有效减少"政绩工程""形象工程"，有利于促进落后地区从依靠投资拉动转向更多地调结构、转方式，走地方特色的发展之路。

不为排名前后所左右之后，南丰筑高绿色门槛，重点引进科技含量高、辐射带动强、环境污染少的企业，关闭高耗能、高污染企业 20 多家。同时，大力开展休闲观光、泡桔温泉等精品旅游业。

招商引资等数据不再困扰贫困乡

《实施意见》中 35 个评价指标既有经济发展指标，又有居民收入、社会保障、安全生产和食品药品安全等民生工程指标，还将空气质量、污染物排放等环境指标纳入考评范畴。

在全国首批 24 个农村改革试验区之一的南昌县，人们都在议论取消对乡镇经济发展数据考核的事。塔城乡党委书记谢斌说："县委早就吹了风,年终考评实行分类,GDP增长、招商引资等数据不再困扰我们这个贫困乡。"

塔城是江西省贫困乡,招商引资不易。而考核年年要求数据递增,结果乡镇干部人人有指标,整天忙于不熟悉的招商引资和应付统计数据。一些干部甚至不知道乡里10个村的分布情况。"待在农业乡镇,很多人觉得没前途,只有在数据上做文章。"有干部坦言。

"农业更注重小康提速,主要考核农民合作社、家庭农场、土地流转……"南昌县把18个乡镇进行分类,农业类占9个,这类乡镇考核指标注重农民增收、企业增效、村容村貌改变。"新办法分类考核,让我们这些生态乡镇有了奔头。"谢斌说。

差异化考核不等于不要发展

差异化考核不等于不要发展。"新体系更注重发展环境的优化,注重可持续发展,注重转型升级,考核结果更科学、更实在、更有针对性、更容易比较。"南昌县县委书记郭毅说,"取消对乡镇经济指标的考核,不表示乡镇从此可以放松下来,而是以奖励替代指令,一方面鼓励乡镇招商引资引企业入园区,一方面推动乡镇差异化发展。更重要的是加强对乡镇的公共服务、社会事业、和谐稳定、群众满意度等4项基础考核,将地方政绩考核与民生事业紧密相连。"

"改造考核数据是一个进步。"江西省政协常委、经济委员会副主任汪玉奇认为,差异化考评,有利于干部集中注意力,发展公共服务体系,优化发展环境。特别是农民人均纯收入和城镇居民可支配收入两个指标权重共28分,占全部35个考评指标权重较多,这些指标的强化,确保了考评工作中群众的参与权和监督权。

——摘编自《江西换了发展"指挥棒"》,《人民日报》2013年12月24日

学者评析

> 通过差异化考核、树立正确的考核导向，江西实现了考核由单纯比经济总量、发展速度，转变为比发展质量、发展方式、发展后劲，引导各级领导班子和领导干部牢固树立"功成不必在我"的发展观念，做出经得起实践、群众、历史检验的政绩。在错位发展、差异考核的"指挥棒"下，各地可以立足实际寻找科学健康的发展路径，通过进一步提高认识，转变发展观念，改进工作作风，把更多精力用在打基础、利长远、惠民生上，努力创造经得起实践、群众和历史检验的业绩。

二、干部考核评价"如何考"

党的十八大以来，党中央高度重视干部考核工作，强调要改革完善干部考核评价制度，建立系统完备、科学规范、有效管用、简便易行的干部综合考核评价体系。从《党政领导干部考核工作暂行规定》到《关于建立促进科学发展的党政领导班子和领导干部考核评价机制的意见》以及若干个考核办法，再到《关于加强对干部德的考核意见》……这些年，干部考核评价机制在实践中不断探索，取得了一定成效。目前，《中央党内法规制定工作第二个五年规划（2018—2022年）》也已经把制定党政领导干部考核工作条例列为重点工作。

党的十九大报告指出："坚持严管和厚爱结合、激励和约束并重,完善干部考核评价机制,建立激励机制和容错纠错机制,旗帜鲜明为那些敢于担当、踏实做事、不谋私利的干部撑腰鼓劲。"①新时代要有新气象新作为,干部考核工作亟须制定新的更高层级的党内法规作为制度支撑。因此,《意见》明确提出,制定出台党政领导干部考核工作条例,改进年度考核,推进平时考核,构建完整的干部考核工作制度体系,改进考核方式方法,增强考核的科学性、针对性、可操作性。

改进年度考核,重在一个"准"字。这对考核内容的设置与考核方式的设计都提出了更高的要求。要围绕考核完成年度工作目标和履行岗位职责的情况,采取总结述职、年度测评等方式,实行主要领导评价、领导班子成员评价和干部群众评价相结合,加强对领导班子和领导干部的年度考核,推动总结经验、改进工作。注重分类分项对年度考核测评结果进行综合分析,防止简单地根据测评票形成评价意见。发挥年度考核对领导班子和领导干部的管理监督和激励鞭策作用,对反映出来的突出问题,及时督促整改。

推进平时考核,贵在一个"常"字。干部实绩创造在哪里,干部考核就应跟踪到哪里,随时掌握干部的"活情况""新变化"。只有经常性、近距离、有原则地接触干部,才能发现知重负重、善为敢为、素质过硬的好干部,避免对党和人民有贡献的人才受冷落、被埋没。要围绕了解领导班子和领导干部的日常表现,通过个别谈话、专项调查、巡视组巡视、领导干部经济责任审计、参加领导班子民主生活会、党员领导干部述职述廉和年度工作会

---

① 《决胜全面建成小康社会　夺取新时代中国特色社会主义伟大胜利》,人民出版社2017年版,第64页。

议等多种形式和渠道，加强经常性考核。注重在应对重大事件、完成重大任务以及涉及个人利益时，跟踪考核领导班子和领导干部的政治态度、负责精神、处理能力、自我要求等现实表现。定期开展民意调查、实绩分析，系统收集相关职能部门提供的重要经济社会发展统计数据和评价意见，加强平时积累和综合分析，完善考核的基础性资料。

要增强考核的科学性，还需要规范和简化各类工作考核。 例如，加强对考核的统筹整合，切实解决多头考核、重复考核、繁琐考核等问题，简化考核程序，提高考核效率；精简各类专项业务工作考核，取消名目繁多、导向不正确的考核，防止考核过多过滥、"一票否决"泛化和基层迎考迎评负担沉重的现象。

延伸阅读

贵州毕节市七星关区改革干部考核体系

看着2016年的考核结果，贵州毕节市七星关区生机镇党委书记赵仁祥想不通："我们迎检资料做得这么好，为什么得分这么低？"

"整脏治乱被通报一次，滥办酒席被通报两次，精准扶贫工作被通报一次……大部分区直单位对你们的评价分值也不高。"令赵仁祥没想到的是，大部分工作，落实怎么样，区实绩考核办公室早就掌握了。考核办工作人员告诉他，做"纸面功夫"已没有多人价值了。

平时不着慌，多一事不如少一事；年底实的不足虚的补，整资料、搞文字。曾经，考核不给力，给了干部不作为、慢作为的空间。

2016年以来，七星关区改革干部实绩考核体系，指标精简量化，由事后考评变为实时跟踪，不同区域目标差别化，向庸者开刀，对懒者问责,正向激励和负向惩戒并重,着力整治为官不为。

面面俱到变为有的放矢,考核指标精简、责任量化

摆在记者面前的,是七星关区杨家湾镇2015年到2017年三份目标考核体系:2015年,40页256项考核指标;2016年,7页83项考核指标;2017年,5页42项考核指标。

"在2016年之前,考核指标包罗万象、面面俱到,实则无的放矢。"杨家湾镇党委书记吴学海说,"指标过多,乡镇一级疲于应付各种检查和考核。"

考核内容繁杂也使考核目的和考核方式逐渐"异化"。"为确保各项工作'落实',报资料、制表册、做方案、写总结,这些都纳入考核体系;目标导向缺失,给思路不清、不愿干事的干部提供了温床。"七星关区组织部副部长薛朝端说。

于是,经过深入调研,七星关区建立目标准入机制,对考核指标精简量化,全程"数字写真"。

首先,精简指标,凡是以大量文字、图片、表册为考核内容的工作,不得进入目标体系。比如,以资料佐证为主的精神文明创建、群团工作等均被删减,改由相关负责部门日常督促指导。

精简的同时,剩余目标逐项量化,考核指标清晰。像扶贫攻坚,杨家湾镇今年需完成9个贫困村出列、2214人脱贫;社会发展则要完成民营经济总值8.72亿元、城镇新增就业120人等。

"目标体系精简量化,不是说有的工作不重要,而在于层层压实责任。"七星关区委常委、组织部部长王晓园说,"有具体任务要落实,干部就不能敷衍塞责。"

年终考核变为动态评估,督查时不打招呼、直接到现场

"到了12月就别想干工作,60多个区直部门一拨拨地下来年终考核,最多一天能接待10拨人马。浪费了大量的人力物力和时间精力。"说起以往的考核,七星关区德溪街道党工委副书记郭光全连声抱怨。

"直接取消年终考核，年底不再组织到各乡镇的集中考核，让'实的不足虚的补'没空间，让'等待协调'没机会。"薛朝端介绍，七星关区改革考核方式，日常考核采取"100＋N"模式，把目标体系得分和动态跟踪考核得分结合起来，"100即目标体系百分制，是主业主责、常规工作的基础分数，N为阶段性重点工作和部门督查通报得失分数，由此形成领导班子及领导干部年度考核得分"。

为健全动态考核机制，区考核办综合多种方式使考核工作直观化、实效化。"像经果林面积、种植标准，就用GPS定位方式精准核实；再比如小康路建设，考核部门就通过实地检查以及从主管部门调阅拨款、材料调配情况等掌握工程进度和质量。"薛朝端说。

日常跟踪考核，乡镇的迎检负担怎么样？"一个督查组同时督导几项工作，比如5月中旬，由上级职能部门和督查部门组成的督查组同时对我们乡镇的异地扶贫搬迁、打击违法建设等4项工作进行检查，不提前发通知、不看资料、不听汇报，直接到现场看工作推进情况。"何官屯镇党委书记张道奇说，考核次数虽然多了，但迎检负担反而轻了。

——摘编自《光做"纸面功夫"不管用了》，《人民日报》2017年8月2日

学者评析

七星关区位于贵州省西北部，地处川、滇、黔三省交汇处，是毕节市的政治、经济、科技文化和信息中心。作为毕节市脱贫攻坚的主战场，七星关区有贫困乡镇7个、贫困村258个、贫困人口13.45万，可以说，"面广量大程度深，点多线长厚度大"是七星关区贫困的基本现状。只有充分发挥好考核的指挥棒和方向

标作用，才能全面调动基层一线干部的积极性、主动性，才能全力激活他们的干事创业热情和内生动力。七星关区结合实际，积极探索，围绕"考核分类调整，考核指标精减，考核方式转变，考核结果运用"四个方面，建立健全考核管理机制体制，着力引领考核工作向"工作查痕迹，作风见勤绩，考核看平时，奖惩凭实绩"的方向健康有序发展，实现了考核管理工作由以前"年终算总账"到现在"平时常算账"的有效转变，提升了干部考核的科学化水平。

三、干部考核评价"结果怎么用"

强化结果分析，关键在"用"。干部考核仅是手段，结果运用才是根本。让考核结果真正发挥作用、体现价值，才能切实避免考用"两张皮""空对空"的现象。《意见》要求，要强化考核结果分析运用，将其作为干部选拔任用、评先奖优、问责追责的重要依据，使政治坚定、奋发有为的干部得到褒奖和鼓励，使慢作为、不作为、乱作为的干部受到警醒和惩戒。加强考核结果反馈，引导干部发扬成绩、改进不足，更好地忠于职守、担当奉献。

考核的目的不是考核工作本身，而是要运用考核结果推动干部更好地工作。 按照《意见》的要求，应坚持把考核结果运用到干部使用、干部管理、评优评先、表彰奖励上，与干部选拔任用有效衔接，与干部奖惩直接挂钩，与干部日常管理充分融合，与能上能下深度结合，通过结果运用、奖优罚劣、激励鞭策，激发干部干事创业的精气神。

要把考核评价结果同组织对干部的选拔任用紧密联系起来，让能者上、庸者下，体现绩效考核制度的积极导向作用。要健全干部激励机制挂钩，加大奖优罚劣力度，增强考核激励实效性，对于忠诚干净、敢打敢拼的干部，要保护好他们的积极性，为他们提供干事的机会、成事的舞台；对于不思进取、"无为而治"的干部，要严肃问责追责。把考核结果运用到奖惩上来，有利于解决干部"干多干少一个样，干与不干一个样"的问题。要注重发挥精神激励作用，把考核结果与树立先进典型相结合。通过考核，注意发现一些优秀人才，树立一批先进典型，宣传交流典型经验，使考核结果切实起到鼓励先进、激励后进的作用，树立良好导向，提高广大干部的荣誉感和使命感。

对于干部考核评价结果，还应加强考核结果反馈。反馈是激励的重要抓手。干部考核结果综合了党组织和身边干部群众的评价意见，具有客观性和权威性，是一面映照干部德、能、勤、绩、廉现实表现的明镜。以恰当方式反馈，由干部对照考核结果，审视自身德才表现，可以更加清晰地看出自己哪些方面做得好、得到群众的认可，要进一步发扬；哪些方面存在欠缺，需要改进；哪些方面存在误区，需要端正态度、提高认识。因此，针对性地对考核结果进行反馈，帮助干部总结实践经验教训，在提高干部政治素养、能力素质和改进工作作风方面，势必能起到正向推动作用。

同时，反馈考核结果的过程也是党组织与干部谈心交心的过程，应作为掌握干部思想动态，提高考核公信力的重要渠道。在反馈中，党组织派人与考核对象谈话，允许考核对象根据考核结果作出必要解释，甚至是申辩，向组织反映个人思想动态和面对的问题困难，谈话人可以帮助干部解开思想疙瘩，引导干部肯定成绩、改正错误、弥补不足、奋发有为。这有助于进一步系紧党组织与干部之间的纽带，增强组织凝聚力。

延伸阅读

青海出台细则强化考核结果运用

2017年，青海出台全省领导班子和领导干部年度目标责任（绩效）考核结果运用细则。

该细则规定，对考核评定为优秀的领导班子或绩效优秀的地区、部门、工业园区和县（市区），由省委、省政府予以表彰奖励。领导干部连续三年被评定为优秀等次的，由省考核领导小组在全省范围内通报表扬。优惠政策和重大工程项目等重点向近三年获得年度考核优秀等次较多的地区、部门、工业园区和县（市区）倾斜。推荐和确定各类先进集体、先进个人，在同等条件下，优先考虑近三年内获得年度考核优秀等次较多的地区、部门、工业园区和县（市区）。选拔任用干部时优先从近三年获得年度考核优秀等次较多的领导班子中考虑。

此外，领导班子年度目标责任或绩效考核被评为一般等次的，主要负责人以书面形式向省委说明情况，对相关责任人进行诫勉谈话。领导班子年度目标责任或绩效考核被评定为一般及以下等次，领导干部被评定为基本称职及以下等次的，当年和次年不得作为推荐和评选各类先进集体、先进个人的对象。领导班子年度目标责任或绩效考核连续两年被评为一般等次的，在全省范围内进行通报批评，并责令领导班子限期整改，规定期限内达不到整改要求的，则确定为较差等次。领导干部年度考核连续两年被评为基本称职及以下等次的，按有关规定对其采取改任非领导职务、免职、降职等方式予以调整。

据介绍，考核结果将记入档案，作为领导班子建设、干部选拔任用等的重要依据。领导班子和领导干部根据反馈的结果，提出整改措施。省委组织部联合省委、省政府督查室对领导班子和领导干部整改问题情况进行跟踪督查，整改落实情况作为下一年度考核的一项重要内容。

——摘编自《考核被评优秀，能获政策优惠》，《人民日报》2017年7月11日

学者评析

> 干部考核能不能取得理想效果，至关重要的是考核结果的运用。青海在干部考核结果运用方面围绕制度建设及执行力发力，制定《青海省领导班子和领导干部年度目标责任（绩效）考核结果运用细则（试行）》，建立了"能者上、庸者下、劣者汰"的长效机制，有效激励干部干事创业，使考核切实发挥出传导压力、激发动力、释放活力的作用。

打破"优秀轮流当"，考核发挥真作用

"我今年已经47岁了，没想到组织还会重用我。"湖北省大冶市城市创建办主任黄朝霞原来在基层乡镇工作多年，前两年，她调到大冶市城市创建办担任副主任。因为工作不怕苦、不怕累，在大冶市2017年被评为"全国文明城市"后，黄朝霞也被大冶市委记了三等功。2018年3月，黄朝霞被提拔为大冶市城市创建办主任。

在大冶市，这样的"老黄牛"型干部有了更大发展空间，得益于当地激励干部作为的政策。2017年，《大冶市市管领导班子和领导干部增量考核暂行办法》出台，办法规定："领导班子增量考核被评为'优秀'等次的，党政主职及相关领导干部在年度考核中优先评为'优秀'等次，优先推荐提拔使用。"因为在当年的干部考核及增量考核中，大

冶市城市创建办领导班子被评为"优秀",黄朝霞得以提拔重用。

干得到底好不好,要以考核来衡量,该如何更好发挥考核指挥棒的作用?去年年底,山东济南市委专门印发了《市管领导班子和领导干部年度考核结果运用实施办法(试行)》,这一"考核新规"设置了市管领导班子"好、较好、一般、差"和市管领导干部"优秀、称职、基本称职、不称职"8个考核等次,制定了35条具体的奖惩措施,真正做到"只看工作好坏、不分单位大小"。

"打破以往'优秀轮流当'等论资排辈、平衡照顾的做法,让考核等次真正体现干部的实绩。"济南市组织部门有关负责人说。近日,济南市市管领导班子和领导干部2017年度考核成绩单出炉:8个成绩"一般"的领导班子将面临一年的干部提拔冻结期,2名"基本称职"干部将被诫勉谈话;而获得"好"的领导班子中的市管干部、近3年内均为"称职"以上且其中2次以上"优秀"的干部可优先提拔重用或破格提拔。

——摘编自《让干部甩开膀子迈开步子》,《人民日报》2018年6月22日

学者评析

近年来,多地出台的干部考评激励措施,打破"优秀轮流当",就是要统筹目标导向和问题导向,着力破解考用"两张皮"问题,坚持把干部考核结果作为干部选拔任用的重要依据,注重把考核结果与干部奖惩结合起来。坚持考用结合,根据考核结果,对履职情况好、敢于担当、实绩突出的干部,予以表彰奖励,真正使考核结果与干部的选拔任用、评先奖优、治庸治懒、问责追责、能上能下等挂起钩来,就能不断增强考核的权威性和导向性,切实解决干与不干、干多干少、干好干坏一个样的问题。

第四章

切实为敢于担当的干部撑腰鼓劲

CHAPTER 4

经济发展进入新常态，深化改革进入深水区，社会治理的难度正在加大，需要敢闯敢试的精英、迎难而上的勇气、舍我其谁的气魄，否则难以前行。如何培养"敢于担当"的好干部？如何在干部队伍建设中塑造"敢于担当"的好风气？一方面，这需要干部不断改造自己的主观世界，加强党性修养，加强品格陶冶，时刻用党章、用共产党员标准要求自己，时刻自重自省自警自立，老老实实做人，踏踏实实干事，清清白白为官。另一方面，也需要客观的有助于干部队伍中形成"敢于担当"风气的制度环境和能让"敢于担当"的干部冒出头来的选人用人机制。因此，《意见》明确要求，要全面落实习近平总书记关于"三个区分开来"的重要要求，宽容干部在工作中特别是改革创新中的失误错误，建立激励机制和容错纠错机制，旗帜鲜明为敢于担当的干部撑腰鼓劲，进一步激励广大干部新时代新担当新作为。

一、深刻领会"三个区分开来"重要内涵

习近平总书记在2016年省部级主要领导干部学习贯彻党的十八届五中全会精神专题研讨班上首次提出"三个区分开来"。在此精神指引下,《意见》明确指出,建立健全容错纠错机制,宽容干部在改革创新中的失误错误,把干部在推进改革中因缺乏经验、先行先试出现的失误错误,同明知故犯的违纪违法行为区分开来;把尚无明确限制的探索性试验中的失误错误,同明令禁止后依然我行我素的违纪违法行为区分开来;把为推动发展的无意过失,同为谋取私利的违纪违法行为区分开来。"三个区分开来"是容错纠错机制的核心内容,要深刻理解和准确把握其内在逻辑关系,真正把"三个区分开来"落到实处。

第一,要看个人动机,是为公的无意过失,还是为己的谋取私利,把敢想敢干与胡干蛮干区分开来,把故步自封与谨慎前行区分开来。如果干部工作的出发点是好的,在其中没有谋取私利,也经过了比较充分的部署谋划,但由于一些偶发的外部因素或者个人能力不足导致了负面效果,对这样的失误应该多加宽容,适当降低干部问责处分的程度。

第二,要看规章制度和政策方向,依规治党,依法治国,干部担当作为决不能逾越红线。《意见》明确规定,准确把握政策界限,对违纪违法行为必须严肃查处,防止混淆问题性质、拿容错当"保护伞",搞纪律"松绑",确保容错在纪律红线、法律底线内进行。具体来说,其一,是否遵循遵守党章党规党纪和国家宪法法律,违背党规党纪的错误决不能容;其二,是否符合国家改革方向,违反中央大政方针的错误决不能容,例如中央要求供给

侧改革，某些领导干部却为了经济增长而大力发展落后产能；其三，是否符合程序规定，即使大方向合理合规，也要看决策前是否经过集体民主决策，是否经过调研论证和风险评估，具体执行过程中是否处处依法照章办事，不符合程序规定的错误决不能容。

第三，要看错误后果，有无造成不可挽回的重大损失。 对造成的后果不严重、在一定程度上可以挽回的错误，可以适当宽容。对那些造成严重后果、极大损害人民群众利益、产生恶劣影响且难以挽回的错误，即使干部出发点是好的，但好心办了坏事，也不能轻易宽容。对干部决策失误责任适用"容错"时，要充分吸纳民意，对"容错"范围作明确限制，否则会在社会上、广大人民群众中伤害党的公信力，也不是真正保护干部。

总而言之，宽容不是纵容，保护不是庇护。《意见》明确要求，各级党委（党组）及纪检监察机关、组织部门等相关职能部门，要妥善把握事业为上、实事求是、依纪依法、容纠并举等原则，结合动机态度、客观条件、程序方法、性质程度、后果影响以及挽回损失等情况，对干部的失误错误进行综合分析，对该容的大胆容错，不该容的坚决不容。切实分清"为公"与"为私"、工作失误与违纪违法的界限，把正风肃纪、反腐惩恶和营造干事创业的良好氛围有机统一起来，做到思想引领与纪律约束相结合、严格管理与热情关怀相结合、依纪依规与公平公正相结合。既鼓励支持勇挑重担、开拓进取的干部，又严肃查处胡干蛮干、违纪违法的干部。激励广大党员干部在敢担当中创造新业绩，在善担当中展现新作为，在遵纪守法中作出新表率。

他山之石

广东出台党的问责工作实施细则，新增从重、从轻、免责等情形

广东省委日前印发《广东省党的问责工作实施办法》（以下简称《办法》），将"两个尊重、三个区分"原则以党内法规的形式确立下来。要求各级党组织要在问责工作中落实这一原则，调动广大党员干部干事创业的积极性。

"两个尊重、三个区分"，即尊重广东历史、尊重广东省情，把因缺乏经验、先行先试出现的失误与明知故犯而违纪违法的行为区分开来，把国家尚无明确规定时的探索性试验与国家明令禁止后有法不依的行为区分开来，把为加快发展的无意过失与为谋取私利故意违纪违法的行为区分开来。

《办法》重点结合广东实际对《中国共产党问责条例》规定的问责情形逐条进行细化。例如，第二章"问责情形"，明确问责的一般情形、加重从重情形、减轻从轻情形、免责情形、问责时效等内容；第三章"问责方式和程序"，明确问责的方式、启动程序、调查程序、简易程序、决定程序、救济程序以及成果运用程序等内容。《办法》新增了从重、加重情形和从轻、减轻情形以及免责情形。据了解，《办法》规定了对职责范围内发生的严重违纪问题掩盖袒护的、对上级党组织明确指出的违规违纪问题拒不整改或者问责的等5种应当从重或者加重问责的情形，及对职责范围内发生的问题及时如实报告的、积极配合组织调查、主动承担责任等4种应当从轻或者减轻问责的情形。

——摘编自《广东出台党的问责工作实施细则》，《人民日报》2017年1月16日

学者评析

> 容错免责是严格执纪问责前提下的容错免责，没有从严执纪问责，也就不存在从宽容错问题，容错免责只是从严执纪过程中应该考虑和把握的一个特殊情况和问题。从严执纪问责是为了维护纪律的权威，惩戒"不干事""干错事"的党员干部；容错免责是从严执纪问责的一个方面，是为了更加严格、更加科学、更加客观公正地执纪问责，为的是"既不放过一个坏人，也不冤枉一个好人"。二者目的都是唤醒责任意识、激发担当精神，推动党员干部切实把责任扛起来，积极纠正工作中的错误和失误，确保敢干事、会干事、干成事。

二、构建容错纠错的系统体系机制

2014年2月7日，习近平总书记在接受俄罗斯电视台专访时指出，中国改革经过30多年，已进入深水区，可以说，容易的、皆大欢喜的改革已经完成了，好吃的肉都吃掉了，剩下的都是难啃的硬骨头。要在"硬骨头"上"动刀子"，就难保不会出岔子、捅娄子。但是，如果没有容错纠错机制，干部往往会因为一点工作上的失误，就背上影响其一生的沉重政治包袱，这使得一些干部遇事就躲、推卸责任、掩盖问题，而不是勇于任事、敢于担当。因此，**必须构建切实有效的容错纠错机制，才能扎实激励干部奋发向上、担当作为**。容错与纠错是建立激励党员干部干事创业机制的**"一体两翼"，相辅相成、并行不悖**。容错是手段，是为了保护大胆创新、锐意进取的干部，有利于激励党员干部勇于担当、大胆创新、积极作为；纠错是目的，是建立配套的纠错机制，促使党员干部在"犯错"后，认真查找症结所在，及时发现错误、中止错误，避免重蹈覆辙、在错误的道路上越走越远、给党和国家的事业造成更大损失。容错不代表可以一直犯错，有错误必须立即纠正，有错不纠，即为失职；只容不纠，就是放任。只有二者密切配合，既敢于容错又积极纠错，才能发挥预期作用，引导干部既勇于担当、大胆创新，又注意改正错误、少走弯路。

第一，要依规依纪依法处理错误。根据相关党规国法，制定系统的容错纠错规定办法，明确划定可以容错的界限范围。容错免责列举事项不可与上位法有冲突。地方规定必须避免与法律法规可能存在的冲突，以保障规定的严密性。必须准确把握容错的度，不能跨过可容的界限，过度容错就会变成纵错。针对干部所犯错误，注意区分三种情况：其一，不适用容错机制的情况，按照相关规定严格、恰当地问责追责，要注意不可过度"上纲上线"，一味"从严从重"。其二，可以适用容错机制的情况，在详细调查、充分讨论和集体决策的基础上，按规定减轻处分或予以免责。但是，必须注意，容错免责条款要有规定的范围和限制，如果容错免责的门槛设定太过抽象和宽松，容错机制很可能变成一个筐，成为某些有过错官员免责的"挡箭牌"。其三，《中国共产党纪律处分条例》《中国共产党问责条例》均规定了问责和处分对象包括党的组织和党员干部两类，容错纠错机制只适用于党员干部。如果是需要追究相应党组织责任的错误，不能应用容错纠错机制，必须严格问责。同样，因为党组织被问责而需要承担连带责任的相关人员，也不能适用容错纠错机制。例如，2018年7月的疫苗事件，多地食药监部门存在重大失责，即使并不直接分管此事，相关部门领导特别是"一把手"也必须承担起领导责任，不能容错免责。

第二，要准确分析干部所犯错误，有针对性地予以帮助教育、纠正补救。容错只是手段，根本目的是要提升干部素质能力，从而确保干部今后不犯错、干好党的事业、为人民做出更多贡献。《意见》明确规定，坚持有错必纠、有过必改，对苗头性、倾向性问题早发现早纠正，对失误错误及时采取补救措施，帮助干部汲取教训、改进提高，让他们放下包袱、轻装上阵。具体来说，落实容错纠错，必须坚持客观公正、公开透明的原则。容错免责要坚持阳光操作，申请、核实、认定、公示和报备等流程要严格细化，接受群众监督。建立科学有效的评估机制。制定完备的权责清单和负面清单，重大事项必要时应当邀请有关部门组织专家委员会进行评估，对责任人的动机、决策程序、执行过程等方面进行综合考量，查清错误原因，弄清损失大小、危害程度。建立容错纠错复核机制。由上级主管部门进行定期复核检查，对在制度执行过程中存在的偏差或问题要予以纠正，并视情节对具体执行人员给予问责。进而，在问责处理过后，根据干部所犯错误的原因，通过个人对照反思、组织生活会、民主生活会等方式予以深入剖析，帮助干部把准关键点，从而避免在今后工作中重蹈覆辙；针对干部所犯错误中体现出的素质能力不足问题，通过专题培训、跟班学习、其他岗位锻炼等举措，训练提升干部素质能力，争取今后多做贡献。

第三，严守规定，把握时机，适时让容错纠错的干部重新担当重任，符合条件的可以进一步提拔重用。有权必有责，失责必追究，干部在工作中出现了失误，哪怕好心办了坏事，也要予以追责。但是，追责不能变成"一棍子打死"。干部给予容错后，只要他们端正思想、改正错误，同样是我们党的好干部。只要做出了积极贡献,该表扬的表扬、该评优的评优、该用的一定要用,不能因为有被容错的经历,而让他们背上"包袱"。具体来说,要把握三个要点:其一,遵循影响期的相关规定。如果容错之后,干部仍然按规定受到了党纪政纪处分,那么必须在《中国共产党纪律处分条例》等党规及相关行政法规规定的影响期结束后,才可以重新重用;如果容错之后,干部按照规定未受党纪政纪处分,不受影响期限制,那么也应当留出适当时间,供干部反思错误、提升能力,也是对社会大众的一个交代。其二,干部思想和能力确有提升改进。影响期只是下限,不是说影响期结束了,干部就可以重用,而是要重点考察他是否改进了思想作风、提升了工作能力。特别是要考察干部在影响期内的工作绩效,做出了实绩,才能重用,否则在干部队伍中不足以服众。其三,工作确有需要。容错纠错是手段,不是目的。重用乃至提拔干部的根本目的是满足工作需要。各地方切忌为了落实《意见》要求,不顾工作需要,刻意制造一些容错纠错、犯错复出的典型。

延伸阅读

不畏难而畏风险,基层的干事责任怎么兜?

"如果追究我法律责任,我到了60岁退休之后肯定会上访!"55岁的刘成群是江苏省淮安金湖县陈桥镇人大主席,常年分管镇上农村工作,谈起自己被处分的经历感慨万千。

为积极响应县里打造高效农业示范园的规划,2011年,刘成群向江苏省财政部门积极申报争取了一个高效农业项目,并成功申请到了200万财政补贴资金。项目申报下来后,由于当地没有相关种植经验的农户，镇里决定帮助实施，由刘成群来牵头对外招投标，2个有种植经验的外地人中标。

2017年4月，金湖县检察院认为该项目不是由当地合作社来实施，牵头的也不是合作社成员，以涉嫌滥用职权罪进行立案调查。

"当时就想不通，这是镇党委政府安排我做的。我找到相关领导反映情况，领导说'只要没有拿钱、没有为亲朋好友牟利，会对你负责的'。"刘成群说，金湖县检察院认为项目由他分管，所以成为追责对象，"心里很忐忑"。

后来陈桥镇与检察院沟通认为，没有明文规定刘成群的行为属于渎职，报淮安市最终以不起诉决定。后来，金湖县根据容错机制降低了处分，只给予了刘成群党内严重警告。

"既然在这个岗位上，该负责的还要负责。"刘成群对半月谈记者说，不做事肯定不会出事，做事情多了，就像茶杯里满满一杯水，难免会有洒漏时候，"这就需要容错纠错机制真正落地，查明原因，不能不分青红皂白地追责免职，以免打击基层干部干事的积极性。"

——摘编自《不畏难而畏风险，基层的干事责任怎么兜？》，《半月谈》2018年6月下

学者评析

旗帜鲜明为敢于担当的干部撑腰鼓劲，需要各级党组织切实负起责任，各级党组织最了解自己的干部，能最准确地评判干部错误性质。如果干部的错误符合容错纠错条件，应当主动为干部争取空间、宽容失误、减轻处分，而不能是干事情的时候下死命令，出了事情就一概不管。但是，容错免责也要注意界限。案例中刘成群不是一个只有权负责执行的小科员，而是镇人大主席，常年分管农村工作，是镇领导班子重要成员、"三把手"，在事关

> 农业的集体决策中他是关键参与者，因此可以根据他并未谋取私利、出于公心给予程度恰当乃至适当减轻的处分程度，但是他所说的"这是镇党委政府安排我做的"理由并不成立，不能因此免责。否则，集体领导、集体决策制度会被滥用为任何一名领导干部推卸责任的工具。

四人降职后再获提拔，宿迁沭阳干部能上能下常态化

沭阳县湖东镇原党委书记王立峰，因镇里相关工作在该县考核中落后，于2015年9月被调任县科协副主席。他未因此消沉气馁，在新岗位上积极开展科技服务企业活动，创新做好科普工作，还招引到一个亿元项目，于2017年11月被提拔为县循环产业园管委会主任。从2017年10月至2018年5月，沭阳县已有4名像王立峰这样的干部，由正科降为副科后，又从副科提任正科，充分体现重实干、重实绩的用人导向。该县在干部容错激励、能上能下等方面的探索，最近得到省委主要领导肯定。

沭阳县曾因"选人用人导向存在偏差"被上级机关书面提醒。新一届县委领导班子认真落实全面从严治党主体责任，大力整治选人用人上的不正之风，营造良好政治生态，坚决遏制腐败。该县率先建立由6大类37项指标构成的"政治生态监测预警系统平台"，将党员干部勤廉度、选人用人公信度等5项作为衡量党内政治生态的核心指标，实行动态监测、实时预警和考核评估，干部"升降去留"凭数据"说话"，定量定性，而不再由"'一把手'说了算"。

干部"能上"容易"能下"难，让不担当、不作为、慢作为的干部"下"得服气，则难上加难。2017年年初，沭阳县在全省率先建立"科级干部问题行为管理数据库"，俗称"待下干部管理库"，由县委组织部按"能力不胜任、作风不过硬、状态不适宜、自律不严格、履

职不担当"等7大类20项指标,重点采集科级干部相关数据,并结合群众评议、干部考察和工作实绩等综合因素,确定"入库管理"干部名单。

2017年以来,全县累计有24名科级干部接受"入库管理",由县委领导和他们逐一提醒谈话,并宣布给予5个月的整改观察期,前3个月为整改期,若整改没到位,再给两个月观察期;仍无起色的,则启动"下"的程序,即给予调离岗位、免职、降职、责令辞职直至纪律处分。

目前,6名科级干部因"入库"期间整改不力,受到"下"的处理,其中4人被免职、2人被降职;5名科级干部"入库"期间被发现新的问题,受到党政纪处分;3名干部因整改到位,获得单位和群众认可,如期"出库"并重新纳入干部常态化管理。由于坚持长效激励与长效约束并重,干部能上能下特别是让庸者下、劣者汰在沭阳基本成为常态。

——摘编自《沭阳干部能上能下常态化,24人接受"入库管理"》,《新华日报》2018年6月23日

学者评析

推进干部能上能下,"能下"就是要惩戒干部所犯的错误,"能上"就是不能让干部背上不应有的包袱,让组织能够更好地使用干部。推进干部能上能下重在严明。推进领导干部能上能下,是全面从严治党、从严管理干部的重要举措,最根本的是健全完善制度机制,通过制度安排,保证能者上、庸者下、劣者汰,形成良好的用人导向和制度环境。在解决领导干部"下"的问题时,要严格执行干部退休制度、领导干部职务任期制度、领导干部问责制度,严格落实调整不适宜担任现职干部规定,对不胜任当前

> 岗位、工作出现较大错误的领导干部，坚决进行组织调整，不能因情面、不忍心等因素而手软。而对"下"了之后，素质能力提升、工作表现突出、做出相当实绩的干部，要大胆地使用、重用，不能因舆论压力、怕担责任而埋没人才。惟其如此坚持原则、动真碰硬，才能真正形成导向，推动广大干部规范履职、担当作为。

三、敢于为干部说公道话

经济发展进入新常态，深化改革进入深水区，社会治理的难度正在加大，需要敢闯敢试的精英、迎难而上的勇气、舍我其谁的气魄，否则难以前行。但是，当前不论是社会治理，还是单位内部管理，都牵涉到各种利益，错综复杂。干部要担当干事作为，常常需要讲一些得罪人的话、做一些得罪人的事、动了某些人的"奶酪"，由此就有可能受到他人的误解和非议。长期以来，"唯票取人"是选人用人机制中存在的一大问题。在"唯票取人"的工作取向下，敢于担当的干部因为"担当"得罪了人，影响了分数，丢掉了选票，就很难脱颖而出，反而因"劣币淘汰良币"给淘汰掉了。干部队伍中也容易形成"事业干得怎样不重要，关系处得怎样才重要"的不良风气。许多人信奉"好人"主义和多栽花、少栽刺的庸俗哲学，为了选票和升迁，"得罪人"的事不干，事不关己、高高挂起；棘手问题不碰，随波逐流，得过且过；违反原则的事不"批"，睁只眼闭只眼，甚至以私情废公事，拿原则做交易。这样的"老好人""推拉门""墙头草"多了，必然败坏干部队伍风气，贻误党的事业发展。

因此，针对上述情况，党的十八届六中全会通过的《关于新形势下党内政治生活的若干准则》明确要求，党的各级组织要旗帜鲜明为敢于担当的干部担当，为敢于负责的干部负责，把公道正派作为干部工作核心理念贯穿选人用人全过程，做到公道对待干部、公平评价干部、公正使用干部。《意见》更是直接指出，**严肃查处诬告陷害行为，及时为受到不实反映的干部澄清正名、消除顾虑，引导干部争当改革的促进派、实干家，专心致志为党和人民干事创业、建功立业**。因此，要真正促使干部担当作为，各级组织就必须负起责任，选人用人必须强化党组织的领导和把关作用，必须坚持党性原则，实事求是考察评价干部，敢于为优秀干部说公道话，尤其是在其招致非议、受到委屈和重要时刻、使用关头，要敢于给他们撑腰壮胆，激励更多的干部勇挑重担、奋发有为。

第一，**正确对待针对相关干部的举报特别是匿名举报**。对待实名举报，各级党委（党组）、组织部门、纪检监察机关必须认真核实，有一定可靠证据的，必须严肃处理，查无实据的，要及时与相关干部沟通说明，让他们放下"包袱"。然而，现在也有一些对重要干部、重大问题的举报特别是匿名举报的内容严重失实。特别是在班子换届、干部提拔使用的关键时刻，往往会有很多重大匿名举报涌入，影响各级党组织用人决策，容易冤枉委屈相关干部。因此，针对匿名举报，要注意分类处理，有较可靠证据的，要认真核查；捕风捉影、没有可靠证据的，特别是在干部调整使用关键时刻的匿名举报，可以视情况核查，但要以保护干部为原则，不能因此耽误干部的发展和提拔任用。

第二，**严肃查处诬告陷害行为，及时为受到不实反映的干部澄清正名，防止好干部被"污名化"**。经查实确属诬告陷害行为，必须严厉追究相关举报人责任,依规依纪依法予以严惩,以儆效尤。如果不能有效遏制诬告陷害之风,就不能营造良好的政治生态和政治风气,搞坏干部干事创业环境。对受到委屈的干部,在单位内部乃至社会一定范围存在相关谣传的,需要通过有效途径说明情况,为干部澄清正名。

第三,正确对待干部工作中的民主推荐、民主测评。习近平总书记在2013年全国组织工作会议上就已经明确指出,要把加强党的领导和充分发扬民主结合起来,发挥党组织在干部选拔任用工作中的领导和把关作用。要完善工作机制,推进干部工作公开,坚决制止简单以票取人的做法,确保民主推荐、民主测评风清气正。民主推荐、民主测评是干部考核与选任工作中的重要环节和重要手段,但是,必须注意,根据《党政领导干部选拔任用工作条例》规定,民主推荐、民主测评所得到的结果是"作为选拔任用的重要参考",而不是"决定性"因素。党的十八大前的较长一段时间里,一些地方的干部工作存在"唯票取人"倾向,完全由票数决定,结果埋没了一些敢于担当、不怕得罪人的好干部,选上来一些不愿作为的"老好人"。在认识这个问题上,我们要注意区分选任制与委任制干部的不同,就选任制干部而言,上至中共中央委员会,下至社区、农村党支部,某种程度上就是"唯票取人","多一票"与"少一票"就是"上"与"不上"的差别。因为在这类选举中,选举人与被选举人是委托授权关系,只有"唯票",才是民主的体现。与此不同,就委任制干部而言,相关职务来源于上级任命,在一定范围内特别是相关单位范围内的民主推荐、民主测评,并不存在委托授权管理,例如北京市交通局长管理全市交通的权力并非交通局全体工作人员授予的,而是来自于全市人民。民主推荐、民主测评提供的是对相关人选能力素质的参考评价，而如果一味由小单位内部人员决定谁当领导的话，那势必做大小团体主义、部门利益，成为深化改革的重大阻碍。

延伸阅读

新一届中央领导集体产生过程中那些意味深长的故事和细节

新一届中央领导机构产生的过程

在党和国家高层领导人选产生方面，我们党有着优良传统，不断进行积极探索，有经验也有教训。党的十七大、十八大探索采取了会议推荐的方式，但由于过度强调票的分量，带来了一些弊端：有的同志在会议推荐过程中简单"划票打钩"，导致投票随意、民意失真，甚至投关系票、人情票。中央已经查处的周永康、孙政才、令计划等就曾利用会议推荐搞拉票贿选等非组织活动。

在谈话推荐工作中，中央明确了推荐人选的条件，坚持以马克思主义政治家集团标准选人，注重知行合一；坚持事业为上、任人唯贤，注重工作能力与实践经验；坚持严把人选廉洁关和作风关，注重形象口碑。严格标准、事业为上，参加谈话的同志对此高度评价、一致赞同。

大家认为，党和国家领导职务也不是"铁椅子""铁帽子"，符合年龄的也不一定当然继续提名，主要根据人选政治表现、廉洁情况和事业需要，能留能转、能上能下。

新一届"两委"产生的过程

不搞"大会海推""划票打钩"，不是不要民主，而是要将民主的真实性、有效性充分发挥出来，进一步提升党内民主的质量和实效。

据统计，考察组平均每个省谈话1500多人次，比过去参加会议推荐的人数大大增加。每次谈话作用也不尽相同，有的重在举荐聚焦，有的重在比较遴选，有的重在深入评价，有的重在具体研判。

一位老同志说，延安时期，党组织为了解干部情况，晚上提着马灯翻山越岭找干部谈话，一谈就是一宿。改革开放初期，正是用人之际，很多时候，组织上也是一整天一整天找干部谈话。"今天，党的优良传统又回来了。"

在对某省一名干部进行考察时，有同志对其工作方式持有不同看法。考察组不唯票、不武断，深入调查发现，这名干部个性强、不怕得罪人，一举关停1100多家污染小企业、小作坊，引起一些既得利益人士的非议，却得到了广大干部群众的认可。

"如果按过去先进行投票推荐，这名干部可能就被挡在考察视线之外了。"考察组负责人事后说。

考察的目的是听实话、察实情。考察组聚焦这一目标要求，坚持走群众路线，千方百计改进考察方式。

谈话前做好准备工作，精心设计问题，找准谈话的切入点和着力点；谈话中不限时间，有的一谈就是两三个小时，有的白天没谈完晚上接着谈；遇到思想上有顾虑的，放下笔记本、关上电脑，营造宽松环境……

作为谈话的补充，考察组十分注重实地考察、拓展延伸，采取明察暗访方式，深入了解人选的真实情况：打车去城市街区、商铺、公园广场，观市容市貌、听街谈巷议、看重点项目；深入农村、走进贫困户察看脱贫攻坚和美丽乡村建设情况；登门听取老同志意见……

——摘编自《新华社独家披露：新一届中央领导集体产生过程中那些意味深长的故事和细节》，环球网2017年10月27日

学者评析

> 在为敢于担当的干部担当、撑腰鼓劲上,中央不是只提了要求,而是在提要求之前,就已经作出了表率,党的十九大换届工作就是明证。因此,我们必须坚定不移地贯彻中央精神,深入学习领会中央相关做法经验,各级党组织在干部选拔任用中必须负起责任,真正落实"党管干部"原则,扎扎实实考察了解干部,做出公道评价,安排合适岗位,而不是以所谓"投票"为名,推卸自身责任,埋没敢于担当的好干部,给党和人民的事业造成损失。当然,也要注意不能就此走向另一个极端,完全忽视民主推荐、民主测评的"重要参考"作为,习近平总书记在《不要引导领导干部当"满票干部"》一文中也补充指出,强调群众公认当然很重要,如果大多数群众反对,一般来说这个干部是有问题的。

为敢于担当的干部担当、为敢于负责的干部负责的典型案例

近日,长沙市纪委通报了一批为敢于担当的干部担当、为敢于负责的干部负责的典型案例。

(1) 关于澄清对长沙晚报社党委书记、社长李鹏飞造成国有资产重大损失的不实举报。2018年4月,李鹏飞被实名举报新官不理旧事、违规渎职致使晚报大酒店企业倒闭并造成国有资产重大损失。经查,晚报大酒店承租长沙晚报社所属综合楼后,存在长期拖欠租金、违约转包场地等问题,长沙晚报社在租赁合同到期后,依法依规收回综合楼使用权,并面向社会公开招租,确保了国有资产收益。上述过程中,李鹏飞敢于坚持原则、顶住压力,坚持党委集体研究决策,并及时向主管部门请示汇报,没有违纪违规问题。市纪委在一定范围通报了调查结果帮助澄清,并对不实举报人进行了批评教育。

(2)关于澄清对雨花区委常委、政法委书记王维宁勾结商人私分火灾赔偿款的不实举报。2018年3月,王维宁被举报勾结商人私分雨花区东山街道建材仓库"7·2"火灾赔偿款。经查,2013年"7·2"火灾发生后,受损的酒业经营户多次上访要求索赔,雨花区成立灾后酒业经营受损户的善后工作领导小组,由王维宁牵头负责。在领导小组指导、协调和监督下,由受损方理赔代表负责与事故责任方谈判受损核定、赔偿金发放等理赔问题,使该群体事件得到了平稳有序处理。经查核,举报问题不实,市纪委及时予以澄清正名。

(3)关于澄清对长沙县纪委第三纪检监察室主任陈卓不认真履职、调查结果不准确的不实举报。2018年3月,陈卓负责调查长沙县住房保障局王芳被举报存在破坏湖湾世景小区选聘物业公司、态度蛮横的问题。经查,湖湾世景小区业主委员会未按要求开展业主投票表决,便启动重新选聘物业公司的招标程序,违反了《物权法》《物业管理条例》等规定,王芳对相关问题及时进行了指导解决,不存在态度恶劣问题。陈卓在调查该举报问题过程中,坚持以事实为根据,认真负责、依规依纪办理,长沙县纪委对不实举报及时予以澄清。

(4)关于澄清对望城区月亮岛街道党工委委员、办事处副主任谭舟阻止信访人维权的不实举报。2017年8月,谭舟被实名举报不为信访人解决安置问题,反而派人监视阻止其维权、非法关押、殴打信访人。经查,信访人龙某是2013年启动的谷山储备地二期项目拆迁户,区征地办和街道严格按政策对龙某进行了补偿安置。2016年以来,龙某以再安置两缝地基等不合理诉求为由多次进京上访。经查,谭舟带领积案化解组成员多次与其沟通,听取诉求、宣讲政策,没有阻止其维权等问题。不实举报情况在街道机关干部会议上通报澄清,并回复了举报人。

（5）关于澄清对浏阳市永和镇党委委员、人大主席刘科在任官桥镇党委副书记期间强占村民土地和山林问题的不实举报。2017年5月，刘科被举报在2009年官桥镇石灰嘴村忆江南花炮厂建设时，强占村民土地和山林一千余亩等问题。经查，2009年刘科尚未到官桥镇任职，更未参与忆江南花炮厂用地事宜。2014年，该厂因扩建与石灰嘴村村民存在矛盾纠纷，刘科作为调处纠纷的主要负责人，数十次组织矛盾调处工作。2017年6月，浏阳市纪委在官桥镇召开信访办理公开答复会，通报调查情况，为其澄清问题。

（6）关于澄清对芙蓉区城管执法大队东屯渡中队中队长刘攀野蛮执法的不实举报。2018年3月，刘攀被举报在延年世嘉酒店后面的消防通道野蛮执法，强行拆除地锁。芙蓉区纪委通过调取相关派警记录、执法照片及视频资料，发现所拆地锁系违法安装，东屯渡中队依法依程序予以拆除，刘攀在执法中坚持原则，没有相关违纪问题。芙蓉区纪委及时向刘攀所在单位通报调查结果，予以澄清。

（7）关于澄清对天心区法院非诉执行局局长胡四佳以权谋私、用不正当手段拍卖当事人房产的不实举报。2018年3月，胡四佳被举报在法院执行过程中滥用职权，未经被告人和代理人签字，将被告房产非法拍卖。经查，2015年，胡四佳在办理一起执行案件时敢于动真碰硬，在相关文书程序到位，且被告拒不履行还款义务和申报财产的情况下，依法依规选定拍卖机构对涉案房屋进行评估拍卖。天心区纪委及时向胡四佳所在单位通报调查结果，帮助澄清了问题。

——摘编自《长沙通报一批为敢于担当的干部担当、为敢于负责的干部负责的典型案例》，人民网2018年8月17日

 学者评析

对干部，既要严管，如果出现违规违纪违法行为，必须严惩不贷，但也要厚爱，厚爱不仅仅是要锦上添花，更要雪中送炭，在干部受到委屈、遭受非议的时候为他撑腰鼓劲。当下，社会利益错综复杂，干部为组织工作难免就会触碰一些人的利益，引起一些争议和矛盾，招致许多流言蜚语和不实举报，这对身处社会治理一线的基层干部来说，尤为明显。如果组织不能充分调查了解，并在此基础上及时出面澄清，就是坐视自己的干部受到伤害，久而久之，也就不会有干部愿意为组织的工作勇于担当作为了。另外，过去很多地方虽然未必会因为流言蜚语和不实举报就处理处分干部，但常常会采用不闻不问、当作没听说没发生的"掩耳盗铃"式处理方式，表面上看，干部没有受到直接影响，但是，流言蜚语和不实举报对干部造成的心理压力和创伤是很大的，长此以往肯定会影响他的形象、工作和发展；同样，不及时予以澄清，党组织其实也会招致非议，损害自身公信力。因此，各级党组织必须做到《意见》所要求的"严肃查处诬告陷害行为，及时为受到不实反映的干部澄清正名、消除顾虑"，才能真正"引导干部争当改革的促进派、实干家，专心致志为党和人民干事创业、建功立业"。长沙市纪委的做法在这个方面开了个好头。

四、坚决治庸

旗帜鲜明为敢于担当的干部撑腰鼓劲，既需要充分正向激励，

也需要坚决负面治理。对不担当、不负责庸官的宽容、纵容，就是对敢于担当干部的不担当、不负责。当前我们的干部队伍中存在的一些不担当不作为问题，在某种程度上也源自于官僚体制和科层结构的内在缺陷。在科层制官僚体系中，工作一般是集体开展的，责任往往是组织承担的。也就是说，个人只要不出头，"混"在组织体系里，就可以少干事、不负责。在这样的制度环境下，那些敢于担当、希望做事的人，就会显得非常另类。干得好了，功劳是大家的，那些不思进取、不干实事的人一样可以"搭便车"、分一杯羹。但是，干实事总会有风险，"枪打出头鸟"，只要有丁点不足之处，敢于担当的人就必须承担全部责任，那些不思进取、不做实事的人却没有任何损失。

失职渎职不会有人追究，干事做事反倒容易犯错。于是，"干事未必有好处，犯错必定没前途"成了一些党员干部心目中的共识。不论是希望提拔晋升者，还是乐于安守现状者，都将"中庸之道"奉为自己的工作原则，将"平平安安占位子、舒舒服服领票子、庸庸碌碌混日子"作为自己从政为官的目标。有的干部不求有功，但求无过，在其位不谋其政，只要不出事，宁愿不做事，遇到矛盾绕道走，遇到群众躲着行；有的干部"怕"字当头，谨小慎微，墨守成规，只做保险事，不探新路子；有的党员干部工作拈轻怕重，遇事明哲保身，有功劳就抢，有问题就推；有的干部精神萎靡，得过且过，多一事不如少一事，"做一天和尚撞一天钟"。

因此，想要充分激励敢于担当的优秀干部，就绝不能让庸官得利。让庸官得利，就会让敢于担当的优秀干部寒心，不让庸官受罚，就是让敢于担当的优秀干部为他们"埋单"。治庸是在干部队伍中塑造敢于担当优良风气的关键环节。职位、权力是庸官的命根子；又想当官，又怕担当，是庸官的心病；"失职渎职不追责，干事做事有风险"是庸官产生的制度环境。所以，**党要管党，必须严肃党章党规党纪**，不是只有贪污腐败才是违纪，失职渎职、碌碌无为同样也是违纪，也要追究责任；对不担当、不作为、敷衍塞责的干部要严肃批评，必要时给予组织处理或党纪处分；对失职渎职的要严肃问责，造成严重后果的要严肃追责，依纪依法处理，绝不能让"圆滑官"得利、"老好人"占先。只有形成能者上、庸者让、拙者下的用人导向，重用那些敢于担责、实绩突出、群众公认的好干部，才能让工作平庸者有压力，坐不住、不再平庸，才能让敢于担当的干部有施展才能的空间。

他山之石

浙江重点治理为官不为，让"庸懒散"干部"下课"

领导干部不担当、不作为，激情衰退，敷衍塞责，怎么处理？浙江省委态度鲜明坚决："下课！"近3年来，浙江坚持以上率下，抓住换届调整、年度考核、巡视整改等契机，共"下"了95名不担当不作为的省管干部，今年省直单位班子集中调整时，一次性就"下"了11名省管干部。

在省委示范带动下，各级党委（党组）自觉扛起主体责任，普遍建立工作责任制，党委（党组）书记是第一责任人，组织（人事）部门承担具体工作责任，大力推动干部"下"的工作。省委深改领导小组把"治理为官不为，推进干部能上能下"列入专项督察计划，对11个设区市、89个县（市、区）和137家省直单位开展全面督察。

划出鲜明红线，着重治理"庸懒散"。浙江对"规矩纪律意识不强，能力不足、人岗不相适，不作为不担当，作风不实、群众认可度低"这4类干部决不迁就。以宁波市奉化区为例，全区实施领导干部"负面清单60条"，去年上"黑榜"的31人受到约谈、诫勉、调离或免职处理。

从严治吏，锻炼出一支为民服务训练有素的队伍。浙江把"治理为官不为，推进干部能上能下"列入专项督察计划，综合运用通报、督办、约谈、问责4种方式，及时治理不担当、不作为问题。现在，各级党委（党组）讨论决定干部事项时，研究不担当不作为干部"下"已成为常态。

以"下"倒逼激励干部担当作为。2013年，浙江省委出台《调整不适宜担任现职领导干部办法》，凡是考核不称职或不胜任、工作不力未完成任务、失职受到问责的干部，都面临"下课"。2015年，浙江又进一步出台了实施细则。近3年，浙江有33名县（市、区）党政正职，因不适应岗位要求、长期打不开局面而被调整。看摊守业、激情衰退者，即使临近退休，也会被调整。一名省直单位负责人离退休还有一年，工作激情不高，疏于单位日常管理，被免去领导职务。团结不力、影响事业发展者，也是调整对象。一省属国有企业董事长和一名副职长期存在矛盾，严重影响班子团结和事业发展，被同时免去领导职务。

严管也需厚爱。金华市婺城区加大待遇倾斜，让乡镇干部"暖心"：对山区乡镇干部实行补贴；设立慰问专项金，实行"三必访、四必谈"，即干部家庭遭遇重大困难时必访、生病住院时必访、直系亲属去世时必访；干部提拔、交流、调整时必谈，情绪异常、思想有波动时必谈，工作中身心受到不理解支持的群众伤害时必谈，工作受挫、压力过大时必谈。温岭市探索建立县级干部心理健康关爱中心，实施干部心理健康关爱"阳光行动"，吸纳155名心理健康专业人才组成志愿者队伍，帮助一线中层干部缓解抑郁、焦虑、倦怠等心理问题。

发挥"下"的撬动作用，营造干事创业的良好生态，浙江对"下"的干部，没有"一棍子打死"，而是加强后续教育管理，综合考虑专业特长安排新岗位，对在新岗位上表现好的，同样可以进一步使用。一名副县长因分管工作推进不力被调整，后因工作实绩突出，又被提拔担任市属企业正职。同样，在宁波市，镇海区有9名区管领导干部被"下行"调整。为帮助他们尽快提高思想素质和业务能力，区委组织部定期或不定期上门回访，提出意见和建议，保护和调动其工作积极性，根据采取待岗学习、参加专题培训班等形式，帮助他们"充电"，提升履职能力，还委派他们到"三改一拆""五水共治"等重点项目、重点工程压担磨砺，对表现优秀的，重新调整工作岗位或转任重要岗位。

——摘编自《担当新使命，展现新作为》，《人民日报》2018年6月5日

学者评析

一个敢于担当的优秀干部能带动身边的一批人，同样，一个不担当不作为的庸官也会败坏一个单位的风气。治庸问责决不能搞高高举起，轻轻落下，而是必须"伤筋动骨"，确保取得实效，不负各方期望。庸官的产生有关个人素质，也与一个地区、一个单位管党治党失之于宽松软的大环境有关。在上述案例中，浙江重点治理为官不为，让"庸懒散"干部"下课"，营造了坚决治庸的良好政治生态。

第五章

着力增强干部适应新时代发展要求的本领能力

chapter 5

只有把大批干部教育培养好,选贤任能才有可靠的基础。为此,《意见》提出应按照建设高素质专业化干部队伍要求,强化能力培训和实践锻炼,提高干部专业思维和专业素养,涵养干部担当作为的底气和勇气。具体工作中,应从五个方面入手:一是加强专业知识、专业能力培训,促使广大干部增强八大本领,练好担当作为"基本功",引导广大干部坚持理论联系实际,干一行爱一行、钻一行精一行、管一行像一行。二是构建"链式"培育机制,优化干部成长路径。三是着力源头活水,大力加强年轻优秀干部储备。四是干部教育培训下实功,突出精准性、时效性。注重培养专业作风、专业精神,突出培训精准化和实效性,帮助干部弥补知识弱项、能力短板、经验盲区,全面提高适应新时代、实现新目标、落实新部署的能力。五是注重在基层一线和困难艰苦地区培养锻炼,让干部在实践中砥砺品质、增长才干。

一、增强八大本领，练好担当作为"基本功"

党的十九大报告指出："领导十三亿多人的社会主义大国，我们党既要政治过硬，也要本领高强。"① 早在 2013 年，习近平总书记就指出，"很多同志有做好工作的真诚愿望，也有干劲，但缺乏新形势下做好工作的本领"②，这明确要求全党同志特别是领导干部要一刻不停地增强本领。新时代发展要求干部增强哪些本领能力呢？《意见》明确指出，要着力增强干部适应新时代新发展要求的本领能力，加强专业知识、专业能力培训，促使广大干部全面提高学习本领、政治领导本领、改革创新本领、科学发展本领、依法执政本领、群众工作本领、狠抓落实本领、驾驭风险本领。由此，干部要把《意见》当成担当干事创业的"冲锋号"，把增强"八大本领"作为担当作为的"基本功"，努力做到专业知识能力过硬，争当新时代担当作为的好干部。

增强学习本领。学习本领是增强"八大本领"的基础。党的十九大报告中把增强学习本领放在八大执政本领之首，用意深远。学习本领既是执政本领之一，又是增强所有本领的基本途径和重要方法。中国共产党人依靠学习走到今天，也必须依靠学习走向未来。新时代、新矛盾要求广大干部必须增强学习本领。干部的本领提高了，全党的执政能力也就提高了，干部要增强执政本领，首先要通过学习达到某种成绩。学习本领是干部政治上坚实的基

---

① 《决胜全面建成小康社会 夺取新时代中国特色社会主义伟大胜利》，人民出版社 2017 年版，第 68 页。

② 《习近平谈治国理政》（第一卷），外文出版社 2018 年版，第 402 页。

础，通过学习增强理论素质，克服"本领恐慌"，是提升中国共产党核心竞争力的关键。学习本领也是每一名领导干部赖以生存和发展的基础和前提，是衡量领导干部综合素质高低和竞争力强弱的基本尺度，是全面增强执政本领的核心和关键。《中国共产党章程》把认真学习规定为党员应尽的第一项义务，这是因为学习对于能否成为一个合格共产党员具有至关重要的作用。就此，习近平总书记特别指出，"全党同志一定要善于学习，善于重新学习。同过去相比，我们今天学习的任务不是轻了，而是更重了。这是由我们面临的形势和任务决定的"[1]。

增强政治领导本领。政治领导本领是"八大本领"的核心要素。什么是"增强政治领导本领"？党的十九大报告提出了明确的定义和要求，即"坚持战略思维、创新思维、辩证思维、法治思维、底线思维，科学制定和坚决执行党的路线方针政策，把党总揽全局、协调各方落到实处"[2]。执政方位的变化使全党面临新的执政环境。干部应善于从政治上观察和处理问题，坚定政治立场，提高政治辨别力和政治敏锐性。社会发展越快，执政环境越复杂，对干部的政治素养要求就越高。政治本领是干部在大是大非面前始终保持立场坚定、头脑清醒的根本保证。干部增强政治领导本领首先要锤炼坚强的政治定力，坚定"四个自信"，强化"四个意识"，做到对党绝对忠诚，把讲政治贯穿于党性锻炼全过程。在政治原则、政治立场和政治观念上与党中央保持高度一致，这是领导干部不能放松的生命线，也是不能逾越的底线。我们党要在复

---

[1] 《习近平谈治国理政》（第一卷），外文出版社 2018 年版，第 401 页。
[2] 《决胜全面建成小康社会 夺取新时代中国特色社会主义伟大胜利》，人民出版社 2017 年版，第 68 页。

杂的国内外环境下团结带领人民实现新时代的路线图和诸项任务，就必须着力增强政治领导本领，不断提高把方向、谋大局、定政策、促改革的能力，提高保持政治定力、驾驭政治局面、防范政治风险的能力。

增强改革创新本领。 在众多执政本领当中，改革创新是一个历久弥新的问题，随着时代的改变就要有改革创新。改革创新是共产党人的本质特征，是我们党具有无穷生命力的根本源头。从诞生的那一天起，我们党就不断地改革创新，不断地为打碎旧世界、建设新世界而奋斗拼搏。1978年至今，改革开放的伟大事业已经走过了40个年头，我们党我们国家取得了举世瞩目的伟大成就。党的十九大报告指出："增强改革创新本领，保持锐意进取的精神风貌，善于结合实际创造性推动工作，善于运用互联网技术和信息化手段开展工作。"[①] 这意味着，虽然40年来我们通过改革创新取得了伟大成就，但是我们的"改革创新本领"并不是就"够了"，而是依然需要继续增强。推进改革创新，领导干部就必须"保持锐意进取的精神风貌"。无论干什么事业，不管大事业还是小事业，没有良好的精神风貌，遇事消极疲沓、萎靡不振，不求上进是不行的，否则只能无所作为、一事无成。

增强科学发展本领。发展是解决我国一切问题的基础和关键，科学发展观是中国共产党的指导思想之一。 党的十九大报告明确指出："增强科学发展本领，善于贯彻新发展理念，不断开创发展新局面。"[②] 所谓"新发展理念"，就是"必须坚定不移贯彻创新、

---

① 《决胜全面建成小康社会　夺取新时代中国特色社会主义伟大胜利》，人民出版社2017年版，第68页。

② 《决胜全面建成小康社会　夺取新时代中国特色社会主义伟大胜利》，人民出版社2017年版，第68页。

协调、绿色、开放、共享的发展理念"。只有这样,才能不断满足人民日益增长的美好生活需要,才能真正增强每一个普通中国人的幸福感、获得感。这不仅关系当今一代,而且关系子子孙孙。因此,干部要想能够胜任新时代的新任务,就必须坚定不移贯彻创新、协调、绿色、开放、共享的发展理念,全面增强科学发展本领,努力开创工作的新局面。

增强依法执政本领。党的十九大报告要求:"增强依法执政本领,加快形成覆盖党的领导和党的建设各方面的党内法规制度体系,加强和改善对国家政权机关的领导。"[①] 做有规矩的政党,依法执政是新时代背景条件下,各级干部履行党的执政职能必须掌握的基本方法。党和国家以及各机关部门的相关人员必须在党规国法限定的轨道上推进国家治理。对于干部特别是领导干部而言,"法无授权不可为",执政必须依法——党规国法怎么规定就怎么做,党规国法不允许做的坚决不做,绝不能想怎么做就怎么做。必须注意,我们在现实生活中仍然可以看到,"以权代法""以言代法""越权执法"等情况在一些地方仍然存在。培养依法执政思维,是新时代干部教育工作必须实现的任务。

增强群众工作本领。中国共产党是一个以马克思主义为指导思想的政党。重视群众工作是马克思主义特别是唯物主义历史观对党的要求,是党的性质和根本宗旨对党的工作的要求。为了群众利益而工作,是共产党员特别是领导干部的根本职责所在。党的十九大报告明确指出:"增强群众工作本领,创新群众工作体制机制和方式方法,推动工会、共青团、妇联等群团组织增强政治

[①] 《决胜全面建成小康社会 夺取新时代中国特色社会主义伟大胜利》,人民出版社 2017 年版,第 68—69 页。

性、先进性、群众性，发挥联系群众的桥梁纽带作用，组织动员广大人民群众坚定不移跟党走。"① 党的工作千头万绪，但是归根结底，每一项工作都可以算是群众工作。同样，党的每一项工作脱离了群众都不可能取得成功。我们党的干部首先也是群众，任何一名领导干部都是从群众中培养选拔出来的。只有我们把群众放在心上，群众才会把我们放在心上；只有我们把群众当亲人，群众才会把我们当亲人。因此，要增强群众工作本领，首先必须牢记水能载舟亦能覆舟，要站在群众立场看问题、干工作，全心全意为人民服务。做好群众工作不仅要求广大干部有全心全意为人民服务的态度和意识、克服困难的勇气、不达目的决不罢休的毅力，更要求广大干部具备适应新形势要求的群众工作本领，有能力解决人民群众反映强烈的问题。

增强狠抓落实本领。狠抓落实本领是"八大本领"的重要保障。千条万条，不抓落实就是"白条"。如果不抓落实，再好的目标只是一串飘在空中没有落地生根的数字，再好的蓝图也只能是一张挂在墙上没有变为现实的图画。党的十九大报告明确要求："增强狠抓落实本领，坚持说实话、谋实事、出实招、求实效，把雷厉风行和久久为功有机结合起来，勇于攻坚克难，以钉钉子精神做实做细做好各项工作。"② 要增强狠抓落实本领，每一名干部首先要认真学习贯彻习近平新时代中国特色社会主义思想，以实干思路和有力举措迎接新时代的发展机遇和困难挑战。崇尚实干担当，敢于攻坚克难，自觉担当起应该担当的责任，用勇毅和笃

---

① 《决胜全面建成小康社会　夺取新时代中国特色社会主义伟大胜利》，人民出版社2017年版，第69页。

② 《决胜全面建成小康社会　夺取新时代中国特色社会主义伟大胜利》，人民出版社2017年版，第69页。

行攻克前进道路上的难关，撸起袖子加油干，扑下身子抓落实，努力实现新作为。

增强驾驭风险本领。当今世界，国际格局风起云涌，国内发展形势稳中有变。改革进入新阶段，经济发展达到新状态，各种社会矛盾纷至沓来，风险正在浮现。正如党的十九大报告所强调的："当前，国内外形势正在发生深刻复杂变化，我国发展仍处于重要战略机遇期，前景十分光明，挑战也十分严峻。"[1] 这样实事求是的分析，足以醒脑清心。挑战"十分严峻"，各式各样大大小小的风险，要求每一名干部必须具备迎难而上、驾驭风险的本领。党的十九大报告明确指出："增强驾驭风险本领，健全各方面风险防控机制，善于处理各种复杂矛盾，勇于战胜前进道路上的各种艰难险阻，牢牢把握工作主动权。"[2] 增强驾驭风险本领，既要求各级党组织完善机制体制，更要求每一名干部不断提升综合素质和应变能力，有勇有谋地战胜风险。

---

[1] 《决胜全面建成小康社会　夺取新时代中国特色社会主义伟大胜利》，人民出版社 2017 年版，第 2 页。

[2] 《决胜全面建成小康社会　夺取新时代中国特色社会主义伟大胜利》，人民出版社 2017 年版，第 69 页。

延伸阅读

能力过硬，练就高强本领

1954年9月，李先念被任命为国务院副总理兼财政部部长，他自认为"没有学过经济"，唯恐能力不足，感到压力很大。赴任后，为尽快熟悉工作，他为自己制订了学习计划，"向一切内行的人们"学经济，最终成为经济领域的专家。李先念的经历说明，只要有决心、不畏难、下功夫，就能磨练真本领、挑起硬担子。

在学习贯彻党的十九大精神研讨班开班式上，习近平总书记明确要求，必须做到能力过硬，不断掌握新知识、熟悉新领域、开阔新视野，全面提高领导能力和执政水平。这既是对"关键少数"提出的"硬标准"，也是对党员领导干部发出的"动员令"。

绳短不能汲深井，浅水难以负大舟。事业要发展、难关要攻克、风险要防范，必然要求领导干部在干事创业上得有几把刷子才行。管理学中有个"斜坡球体定律"，意思是说，一个人或组织如同斜坡上的球体，如果没有止动力，就会下滑。这提醒我们，守成者没有出路，奋进者才有未来。持续补足能力上的短板、本领上的不足，像海绵吸水一样不断掌握新知识、熟悉新领域、开阔新视野，一个人才能跟上时代的步伐，从容应对新挑战，肩负起时代重任。

"星星之火，可以燎原""摸着石头过河""解决了许多长期想解决而没有解决的难题，办成了许多过去想办而没有办成的大事"……回望我们党97年波澜壮阔的历史，世人常常惊叹于"领路人"的远见卓识和雄才伟略。过人的智慧、精准的判断、高超的筹谋，来自于"无一时而不学，无一事而不学"的勤奋积累，来自于筚路蓝缕的艰辛探索、奋力开拓中不断的总结与学习。可以说，正是始终有那么一种

"本领恐慌"的危机感，始终有那么一种"能力不足"的忧患感，共产党人才能在不同时期练就过硬的真本领，让"中国号"航船乘风破浪，一往无前。

《晋书》记载，东晋书法家王羲之的儿子王徽之，曾在车骑将军桓冲手下担任骑曹参军。一次外出巡视，桓冲问王徽之管理哪个部门、有多少马匹等，他竟答非所问，全然不知。现实中，类似"骑曹不记马"的现象，依然存在。有的领导干部对"老问题"熟视无睹，不注重总结经验、举一反三，结果遇到老问题的新变种手忙脚乱、应对失当；有的对新知识、新应用、新趋势缺乏学习，对于如何运用新技术解决新问题，既缺乏相应理念，也提不出有效办法；还有的满足于当"二传手"，没有落实的意愿更培养不出落实的能力，把好政策的经给念歪了。凡此种种，都从反面警示我们，面对日新月异的发展形势、复杂多变的社会生活，必须与时间赛跑，毫不停歇地增强能力、磨砺本领。

——摘编自《能力过硬，练就高强本领》，《人民日报》2018 年 1 月 12 日

学者评析

"政治路线确定之后，干部就是决定的因素。"干部是党的事业的骨干，是我们国家政治、经济、文化、社会和生态文明建设的领导者和组织者；各级干部是党的形象的化身，干部的素质如何直接关系执政的中国共产党的自身建设和党的执政水平。广大干部面对日新月异的发展形势、复杂多变的时代形势，必须与时间赛跑，毫不停歇地增强能力、磨砺本领。能力绝非天生，也无法一劳永逸、一蹴而就，而是在持之以恒的知识更新、实践锻炼中练就的。

二、构建"链式"培育机制,优化干部成长路径

干部培育过程必须遵循干部成长规律和人才培养规律,重点解决干部培养视野不宽、来源渠道单一、成长路径趋同、管理偏松偏软等问题,培养锻造一支优秀干部队伍,为党的事业发展提供源源不断的生力军。

第一,合理人岗配置,构建"链式"培育机制。人岗相匹配是干部工作科学化的基本要求。为实现人岗相匹配,应以构建干部分类信息库为基础,为干部队伍建设储备"大数据",使人岗配置指向更清晰、目标更明确。对干部培养,要从他们进入干部队伍起,就针对干部成长需求、个人意愿、个性特质、专业特长、能力水平等情况,规划培养方向,选择适宜岗位。在此基础之上,根据事业需要、岗位职责、组织意图等,对干部"因其材以取之,审其能以任之,用其所长,掩其所短",统筹使用好各个年龄段的干部,为干部队伍接续发展提供保障。

第二,注重培养专业作风、专业能力、专业精神。正如《意见》指出要引导广大干部坚持理论联系实际,"干一行爱一行、钻一行精一行、管一行像一行"。可以加强干部对口交流,使干部开阔视野、增长才干。以此通过多种渠道发挥"链式"培育机制的"催化"作用,积极探索年轻干部多种成长路径。

第三,实施过程管控与动态化管理。对干部到任后的人岗匹配度要实行过程管控,通过岗位培训、压担考验等方式,不断提高专业化素质和适岗能力。制定后备干部动态管理办法,分批次对后备干部进行综合分析研判。通过分析研判,横向比较同类型岗位;通过"成长档案",纵向分析干部发展变化。根据横纵向对比,对干

部进行动态调整和选拔使用，做到"有进有出、优胜劣汰"。

第四，优化班子结构配备干部。 坚持原则、恪守标准，不能重"数字结构"轻"素质结构"，不能简单以年龄划线、搞硬性配备。对那些特别优秀的干部，台阶可以快一点，但要做到必备的条件不能丢，必需的锻炼不能缺，必要的考验不能少。健全"干部到基层锻炼，人才从基层选拔"的完整链条。以此为基础，形成干部发现甄别、培养历练、成熟任用的"链式"培育机制。同时，《意见》对突出领导干部这个"关键少数"作出要求，提出要教育引导各级领导干部作出示范表率，自觉做到"三个带头"，即带头履职尽责、带头担当作为、带头承担责任，切实以担当带动担当、以作为促进作为。

他山之石

山东省乳山市：精准施策培养锻炼干部

山东省乳山市有计划地安排干部到镇村一线、信访维稳一线和综合部门学习锻炼，以此增强干部处理复杂问题能力。从市直部门选拔 40 多名优秀干部到镇村挂职第一书记，从镇街择优选拔 15 名年轻干部到市直部门学习，从镇街和市直部门选派 10 名干部到信访部门挂职，通过上下、多向选派干部挂职锻炼，让干部在实践中丰富经验、历练本领。

建立党外干部、女干部人才数据库，将党外干部、女干部后备队伍建设纳入干部队伍总体规划，结合干部"周六课堂"，定期进行理论培训，提升素质能力；结合一线考察，及时掌握干部情况；召开组织、统战、妇联等部门联席会议，定期进行分析研判，实行动态管理，调整充实后备干部名单,激活党外干部、女干部后备队伍的生机和活力。

定期召开职能部门座谈会,分析研判专业干部成长共性规律,逐行业制定专业干部成长路径图,有针对性地进行培养,从财政、金融、审计等业务部门,择优选派10名干部到证券公司、会计师事务所等挂职锻炼,选派紧缺专业型干部赴上海等高校学习,接受定制式培训,提高干部队伍的专业化水平。

——摘编自《山东乳山:精准施策培养锻炼干部》,中国组织人事报新闻网2016年11月21日

 学者评析

> 干部培养过程既要提防"装门面"思想,也应警惕"火箭提拔"的"拔苗式"培养。山东省乳山市坚持问题导向、精准施策,优化干部成长路径,创新培养方式,拓展锻炼渠道,做好了人才储备工作。

江苏连云港市赣榆区: 三化融合锻造专业化干部成长链条

2017年以来,江苏连云港市赣榆区通过问卷调查、实地走访、座谈交流等方式,梳理分析了领导干部在专业思维、专业素养、专业方法等方面培训需求,增加培训的频度与深度,按照"干什么学什么,缺什么补什么",围绕贯彻落实五大发展理念、决战全面建成小康社会、脱贫攻坚、特色小镇建设等重点内容,打造"海州湾讲坛"主体班次、先进模范讲坛、专题理论讲座、高校高端培训等系列专业化培训平台。推行"课堂+实践"、研讨互动式教学、培训质量评估等教学管理模式,"实战化"提升培训班次整体质量。

赣榆区把基层一线作为培育干部专业化能力的"主阵地",通过调

研函询，征集乡镇部门及重点项目指挥部专业性岗位挂职需求，综合干部专业特长、工作经历、个人意愿等因素，双向匹配安排干部到区外地区挂职乡镇（街道）副职，让干部在不同环境对比中开阔眼界思维；到镇村基层担任民情助理和党建专员，提升做群众工作、抓基层党建工作能力；安排到"三重"一线专业化岗位挑大梁，提升推动改革发展能力。

赣榆区还建立领导班子专业化结构模型，分析研判班子"缺什么、急什么"，甄别干部"学过什么、干过什么"，坚持以事择人，党委领导班子充实熟悉党务和经济、社会、法治等工作的干部，政府班子充实熟悉产业发展、社会治理、公共服务、新型城镇化、生态文明建设的干部，综合配备素质高、大局意识强的干部，进一步优化领导班子和干部队伍结构，确保班子合理搭配，激发最优效能。

——摘编自《江苏连云港市赣榆区：三化融合锻造专业化干部成长链条》，中国共产党新闻网2017年11月22日

学者评析

> 干部成长不是一蹴而就，不能一味求快，而是必须遵循其内在规律。促进干部茁壮成长，不能"拔苗助长"，要重视经过一定的台阶、递进式历练，做到"既要数量充足，又要质量优良"。江苏连云港市赣榆区通过实战化培训、匹配化挂职、差异化配备，构建起专业化干部成长链条。

三、着力源头活水，大力加强年轻优秀干部储备

为了夺取新时代中国特色社会主义伟大胜利，时代呼唤优秀

年轻干部。在 2013 年全国组织工作会议上，习近平总书记指出，培养选拔优秀年轻干部，事关党的事业薪火相传，事关国家长治久安。在 2018 年全国组织工作会议上，习近平总书记再次强调，建设一支忠实贯彻新时代中国特色社会主义思想、符合新时期好干部标准、忠诚干净担当、数量充足、充满活力的高素质专业化年轻干部队伍。年轻干部的成长，既靠自身主观努力，也有赖于组织的教育和培养。为此，各级党组织必须自觉提高站位、拓宽视野，及早谋划、抓紧行动，为进一步加强和改进干部队伍建设，为新时代各项事业的发展提供坚强有力的组织保证。

首先，转变用人观念，为年轻干部的健康成长提供思想保证。 在 2018 年全国组织工作会议上，习近平总书记强调，培养选拔优秀年轻干部要放眼各条战线、各个领域、各个行业，注意培养有专业背景的复合型领导干部。对有潜力的优秀年轻干部，还要让他们经受吃劲岗位、重要岗位的磨炼，把重担压到他们身上。对有培养前途的优秀年轻干部，要不拘一格大胆使用。各级党委要把关心年轻干部健康成长作为义不容辞的政治责任，加强长远规划，健全工作责任制，及时发现、培养起用优秀年轻干部。在实际工作中坚持做到破除"论资排辈、迁就照顾、求稳怕乱、求全责备"等，树立不拘一格、唯贤是举观念，注重干部政治表现、现实政绩与综合能力，注重群众公论，不断地为年轻干部的成长扫除思想障碍。确立"用错人是过错，耽误人也是过错"的理念，善于用辩证和发展的眼光看待年轻干部，坚持看主流、看潜质、看长远，不因以瑕掩玉、求全责备、"习惯性质疑"而耽误甚至埋没年轻干部。

其次，采取有效分级分类培养方式，推进年轻干部加速成长。 分级分类建立优秀年轻后备干部库，着力细化目标、明确措施、统筹考虑，有针对性地推进，做到早谋划、早部署。对表现突出的重点培养，对不符合条件的及时调整；对经过充分历练、基层经验丰富、各方面比较成熟的优秀年轻干部，要适时大胆提拔使用，放到重要和关键岗位，着力形成有利于年轻干部脱颖而出的培养机制。

最后，强化经常性教育，为年轻干部的健康成长打下坚实基础。 大规模、多形式、多渠道、分层次、全方位地培训年轻干部业务素质。注意运用先进典型，努力提高他们的思想政治素质。在年轻干部的培养过程中，还要把用当其时作为最好的培养方式。可以通过"育苗工程"构筑源头"蓄水池"，着力构建优化年轻干部"选育管用"成长链条，促使优秀年轻干部脱颖而出，为干部队伍提供坚实后备力量。

他山之石

四川省广元精准定向储备年轻干部

为抓实干部源头储备，四川省广元市启动新时代治蜀兴川执政骨干递进培养广元计划，实施一把手提能、专业化领导干部培养、年轻干部铸魂"三大工程"，计划用5年时间培养储备专业类干部、年轻干部1800人次。实施精准定向储备，分工业经济、项目规划等10个专业和后备干部、中长期培养对象等4个类别，动态储备高素质专业化年轻干部1200余名。持续扩大干部人才增量，规模集聚各类优秀年轻干部人才，实施"百企引才名校行""人才回引计划"，加强高层次人才引进，回引广元籍优秀年轻干部，累计引进生态环保、文化旅游等硕士及以上干部570余名，向清华大学、北京大学等引进能源、化工、经济、规划建设专业博士19名挂任副县级领导干部。

为突出加强年轻干部政治培训，广元市分4期举办学习贯彻十九大精神集中轮训班和党性教育专题培训，帮助年轻干部增强"四个意识"。严格执行拟任县处级领导干部政治理论水平任职资格考试制度，落实突出政治标准加强干部考察实施办法，对政治忠诚、政治定力、政治担当、政治能力、政治自律不合格的优秀年轻干部"一票否决"，去年以来，23名干部因政治理论水平考试不合格、政治考察不过关被排除在拟提拔重用人选范围之外。

广元市坚持把优秀年轻干部选拔任用作为组织工作考核、"一报告两评议"重要内容，强调实践实干实绩导向，及时提拔重用受表彰的优秀年轻干部，优先使用经过基层锻炼特别是长期在边远乡镇、贫困地区、复杂环境、艰苦岗位上具有领导工作经历的优秀年轻干部。近年来，新任县级领导干部受到市级以上表彰奖励的优秀年轻干部占70%以上，85%以上具有县乡基层工作经历。近3年提拔18名40岁以下优秀年轻干部进入县区党政班子、140名35岁以下优秀年轻干部进入乡镇党政班子。

——摘编自《精准定向储备年轻干部》，《中国组织人事报》2018年7月30日

 学者评析

> 培养出一个个优秀的干部人才，也不是一天两天就可以成功的，而是需要一个较为漫长的过程，需要一个不断打磨的阶段，只有经过风吹雨打成长出来的好干部，才是堪当大任的。四川广元市聚焦优秀年轻干部储备不足、来源不宽和经历比较单一等突出问题，健全完善选育管用全链条机制，根据不同行业的不同需要，精准定向储备年轻干部，以确保党和人民的事业后继有人，避免出现人才的断档，努力打造一支高素质专业化年轻干部队伍。

天津 "五个一批" 培养选拔年轻干部

集中培训一批。按照党政综合、社会管理、教科文卫、规划建设、经济金融、企业管理等6个类别，五年内对列入培养选拔计划的年轻干部全部轮训一遍。政治理论培训突出政治之"训"，加强党的理论教育、党性教育和政治能力培养。专业能力培训突出"抓什么训什么、管什么学什么、缺什么补什么"，围绕推进供给侧结构性改革、"一带一路"建设、京津冀协同发展、创新驱动发展、生态文明建设等设置专题班次和专业课程。考察学访调研突出学用结合，主要到发达国家、国内先进地区，带着问题、课题开展实地调查研究。

交流任职一批。促进年轻干部跨地区跨条块跨领域交流，畅通党政领导干部、国有企业经营管理人员和专业技术人才"三支队伍"交流渠道，每年从市（区）级机关、市管国有企业、市属事业单位选派一批副局级和正处级干部相互交流任职。把乡镇街道作为培养锻炼年轻干部的重要阵地，每年从市级机关选派10名40岁左右成熟度较高的正处级领导干部到乡镇街道担任党政正职，同时从乡镇街道选拔10名45岁左右及以下的党政正职干部到市级机关担任正处级领导职务。

挂职锻炼一批。每年从市级机关和市管国有企业、高等学校、科研院所选派一批副局级领导干部到区党政领导班子挂职。每年从市有关部门选派一批局处级干部到市管国有企业、高等学校挂职。每年从市级机关选派20名有发展潜力但缺乏基层经历的正处级领导干部挂任区的委办局、乡镇街道副职，摔打磨练、墩苗壮骨，从区的委办局、乡镇街道选派20名素质较好的正处级干部挂任市级机关副处长，提高宏观层面综合分析、政策研究的能力。每年选派一批正处级干部到市级巡视机构、信访部门、招商部门挂职，在处理各种矛盾、应对复杂局面中增强本领。每年选派一批副局级和正处级干部到中央国家机关挂职，开阔思路眼界。

专项工作历练一批。把完成急难险重任务、应对重大事件作为重要战场,抽调局处级干部参加环保督查、信访维稳、安全生产检查、援藏援疆援青援甘、驻村帮扶等专项工作,通过事上练、事中看,在干事作为中考察考核干部。现已选派172名干部人才开展第九轮援疆、32名干部到甘肃省和河北省承德市开展帮扶;安排万名干部帮扶万家企业,协调解决企业面临的困难。

提拔使用一批。在领导班子配备时,优先考虑列入培养选拔计划的年轻干部。计划实施以来,已有2名副局级、9名正处级优秀年轻干部得到提拔重用。

——摘编自《墩苗壮骨,淬火成钢》,《中国组织人事报》2018年4月9日

学者评析

党的干部是党和国家事业的中坚力量,年轻干部更是党的肌体中必不可少的新鲜血液,做好年轻干部选拔任用工作是一项基础性、全局性、根本性的工作。天津市制定实施"五个一批"年轻干部培养选拔计划,组织开展专项调研,发现掌握了一批比较成熟的年轻干部,多渠道多类别加强教育培养和实践锻炼,有效促进了他们的快速成长。

四、干部教育培训下实功,突出精准性时效性

党的十九大报告指出:"我们党既要政治过硬,也要本领高强。"[1]

---

[1] 《决胜全面建成小康社会 夺取新时代中国特色社会主义伟大胜利》,人民出版社2017年版,第68页。

全党同志都要有能力不够的危机感，努力增强本领，一刻不停地提升能力。应当看到，现在一些干部不作为，除了有的是因为动力不强"不想为"，还有一些是能力不足"不会为"。为更好地解决这一问题，《意见》聚焦建设高素质专业化干部队伍要求，从**强化能力培训和实践锻炼着手，有针对性地提出了要求**。激励新时代干部跟上日新月异的发展步伐、创造属于新时代的光辉业绩，需要持续强化干部培训，促使干部在实践中增加才干，真正克服"本领恐慌"的问题。正如陈希同志指出"只有把大批好干部教育培养起来，选贤任能才有可靠的基础"①。

首先，以理论教育和党性教育统领干部教育培训内容。从一定意义上讲，理论是一个政党所有执政资源的特殊存在形态和传播载体。党性是一个政党固有的本性，从根本上代表一个政党的政治方向、最高纲领、最终目标。习近平总书记郑重指出："坚定理想信念，坚守共产党人精神追求，始终是共产党人安身立命的根本。"② 思想是行动的先导，是激发干部担当作为的动力源泉。《意见》坚持把思想教育摆在首位，鲜明提出坚持"一个武装"、强化"三个担当"、做到"三个带头"的要求。"一个武装"即坚持用习近平新时代中国特色社会主义思想武装干部头脑。"三个担当"，即引导干部不忘初心、牢记使命，强化"四个意识"，坚定"四个自信"，增强对党忠诚、为党分忧、为党尽职、为民造福的政治担当。为此，教育培训应着眼于引导干部深刻领会新时代、新思想、新矛盾、新目标提出的新要求，努力改革创新、攻坚克难，增强时不我待、只争朝夕、勇立潮头的历史担当。还要引导

---

① 陈希：《新时代要有新担当新作为》，《求是》2018 年第 14 期。
② 《习近平谈治国理政》（第一卷），外文出版社 2018 年版，第 15 页。

干部不负党和人民的重托,在其位、谋其政、干其事、求其效,增强守土有责、守土负责、守土尽责的责任担当。在培养内容上,围绕新时代、新目标、新部署对专业化的新要求,突出培训的精准化和实效性,有针对性地帮助干部进行知识更新和能力拓展。

其次,利用优质培训资源构建干部大教育大培训战略。其一,坚持分类轮训与重点培训相结合。针对不同层次、类型干部,制定不同培训目标,做到因人施教。分类分级,精准设定培训班次,提高干部培训精准度。正如陈希同志指出,"突出'关键少数',教育引导领导干部带头履职尽责、带头担当作为、带头承担责任,以担当带动担当、以作为促进作为"[①]。其二,坚持传统教学与在线学习相结合。充分发挥各级党校干部培训主渠道作用,探索开展互动式、体验式教学方式方法,加大案例教学、现场教学比重,适当安排外出观摩学习,多途径增强培训的实效性和针对性。其三,坚持学和讲相结合。拓展培训讲师来源,探索建立领导干部上党校讲台的制度,将工作经验丰富、实绩突出并且掌握一定授课技巧的领导干部纳入干部教育培训师资库,形成以讲促学、以讲带学的良好风气。

最后,注重改进教育培训方式方法,以利于增强干部教育培训针对性实效性。多形式拓宽教育培训渠道,创新多样化培训形式,推动教学方式向"滴灌"转变,推动培训实施向"菜单式"转变。可以采取"走出去"学习、"请进来"讲授、"订单式"培训、"集中式"轮训的形式,有效提升干部培训实效性。在此基础上,通过成果共享、成果答辩等方式,精准评估培训效果,全面提高干部教育培训精准度。在培养方式上,坚持理论培训与实践

---

① 陈希:《新时代要有新担当新作为》,《求是》2018 年第 14 期。

锻炼并重，优化干部成长路径，注重在基层一线和困难艰苦地区培养锻炼，让干部在实践中砥砺品质、增长才干。正如《意见》指出，要注重提升干部"善为""会为"的能力。因此，围绕新时代、新目标、新部署对专业化提出的新要求，应突出培训的精准化和实效性，有针对性地帮助干部进行知识更新和能力拓展。培训还应始终准确把握党的执政规律、干部成长规律和干部教育规律，坚持理论培训与实践锻炼并重，使干部"接地气"、增底气。

他山之石

青海省启动万名村干部能力提升工程

青海省正式启动"万名村干部能力提升工程"。2017年3月，首批来自西宁市四区三县的90余名村"两委"主要负责人、村级后备干部和农牧民党员致富带头人，赴江苏省江阴市华西新市村接受为期7天的培训。从3月至6月底，青海将组织全省8个州（地、市）的856名村"两委"主要负责人、村级后备干部和农牧民党员致富带头人，在华西新市村举办9期培训班。在此期间，全省每个行政村至少轮训2名村"两委"主要负责人、村级后备干部和农牧民党员致富带头人，共1万人左右。

万名村干部培训的重点是推动村级产业发展、带动群众脱贫致富、促进乡村社会治理等，坚持实际、实用、实效的原则，因地施教、因人施教，既突出重点内容，又各有侧重，增强针对性。

——摘编自《青海启动万名村干部能力提升工程》，《人民日报》2017年3月21日

 学者评析

"基础不牢,地动山摇。"基层党组织是我们党在基层社会执政的基础和抓手。不能只着眼于党政机关、国有企事业单位的干部培养,也要抓紧抓牢农村和城市社区的党组织和基层自治组织的队伍建设。青海省"万名村干部能力提升工程"体现出了全方位、无遗漏的干部培养体系理念,有针对性地提升全省村"两委"班子特别是主要负责人推动村级产业发展、带领群众脱贫致富、提升乡村社会治理的能力;同时,提升了一批村级年轻后备干部和农牧民党员致富带头人的全方位素质,为后续的基层组织换届和工作推进做好了准备。

内蒙古自治区乌海市:"三变"提升干部教育培训实效

近年来,内蒙古自治区乌海市紧贴干部能力提升需求,着重在培训实施、教学方式、学风管理等方面涤故更新、精雕细琢,推动干部教育培训更加切合实际、灵活新颖、科学规范。

其一,2017年年底以来,乌海市组织开展学习贯彻党的十九大精神等专题轮训班,通过分组研讨、总结发言、撰写心得等方式,达到加深理解、增强执行力的效果。大力推广现场教学与情景模拟教学,组织学员赴红色展馆、特色乡村、创新企业等地现场讲学、切身体会,进一步加深对党的理论的理解和运用;在党校主体班、青干班等增设"危机管理与媒体应对"教学课程,学习掌握信息发布和媒体应对技巧,组织学员全程模拟新闻发布会,通过角色演练深入掌握危机公关管理能力,切实增强培训吸引力和实效性。

其二，乌海市围绕经济发展和干部专业能力需求，采取委托、联合、赴外等办班方式，计划开展创新驱动发展、现代服务业发展等4期县处级干部赴外专题培训班；举办金融创新、科技创新管理、深化医药卫生体制改革等专题讲座4期；邀请国内一流专家学者讲学，深度解读行业政策、改革趋势，指明改革方向，明确步骤措施，提升干部改革创新本领。依托内蒙古自治区"自主选学"平台，让干部根据自身能力需求，赴自治区相关高校选题培训，有针对性地扬长补短。

其三，强化培训管理。乌海市制定出台《乌海市在干部教育培训工作中进一步加强学风管理的规定》《乌海市县处级干部培训学时考核管理办法》，将干部脱产学习情况与干部本人和其所在单位年度考核挂钩，推动培训学习成为工作的一部分。充分运用乌海市干部教育培训系统，动态记录干部培训学时，对未达到学时目标的干部进行通报批评，督促、激励多管齐下，切实把干部培训从"要我学"转变为"我要学"，形成重学、遵纪、守规的良好学风。

——摘编自《内蒙古乌海市："三变"提升干部教育培训实效》，中国组织人事报新闻网2018年6月22日

学者评析

针对干部教育培训存在多头培训、课程雷同、评估反馈不畅等问题，内蒙古自治区乌海市整合教育培训资源，通过分类分级、量体裁衣，精准设定培训班次。紧贴干部能力需求，着重在培训实施、教学方式、学风管理等方面涤故更新、精雕细琢，推动干部教育培训更加切合实际、灵活新颖、科学规范，做到了教学方式从"漫灌"向"滴灌"转变，培训实施从"大锅饭"向"菜单式"转变，学风管理从"自律"向"规范"转变。

五、注重基层一线锻炼干部,促干部在实践中增才干

"宰相必起于州郡,猛将必发于卒伍",在实践中锻炼干部,是我们党培养干部的根本途径。党的十九大报告明确要求:"注重在基层一线和困难艰苦的地方培养锻炼年轻干部,源源不断选拔使用经过实践考验的优秀年轻干部。"①《意见》再次强调,**优化干部成长路径,注重在基层一线和困难艰苦地区培养锻炼,让干部在实践中砥砺品质、增长才干**。基层社会是整个国家的缩影,基层一线是干部特别是年轻干部成长的沃土。正如习近平总书记指出的:"干部有了丰富的基层经历,就能更好树立群众观点,知道国情,知道人民需要什么,在实践中不断积累各方面经验和专业知识,增强工作能力和才干。"②

在基层一线培养干部,能增进干部与人民群众的深厚感情和血肉联系。没有真正和群众实实在在地打过交道,就不可能理解中国的国情和我们党全心全意为人民服务的宗旨。基层的事务繁杂琐碎,桩桩关系人民群众的切身利益,事事处处蕴含着治国理政的深刻道理。基层一线能磨练干部意志品质,增强干部担当作为的勇气。基层的环境复杂,矛盾难题多,干部在这样的环境中历练,通过压担式的培养,能够更好地发现自身缺点和不足,打磨心性,增强底气。基层一线有助于提高干部的工作能力。干部

---

① 《决胜全面建成小康社会 夺取新时代中国特色社会主义伟大胜利》,人民出版社 2017 年版,第 64 页。

② 《习近平谈治国理政》(第一卷),外文出版社 2018 年版,第 409 页。

的工作能力和领导水平提升,既需要坚实的理论功底、广博的知识储备,更离不开艰苦的实践锻炼。理论知识只有通过实践,才能转化和升华为能力。基层工作的综合性,有助于干部学会观察事物、分析问题、解决问题,将理论真正应用于指导实践;基层工作的多样性,有助于拓宽干部视野,改进干部思维方式;基层工作的复杂性,特别是通过处理一些在机关接触不到的"急、难、险、重"的复杂任务,有助于提高干部组织领导、协调驾驭和处理复杂问题的能力。

他山之石

武汉市既鼓励到基层墩苗历练,也大力从一线选才充实市区机关

2017年5月,武汉启动调研选拔"狮子型"干部,以"忠诚干净、思想解放、思路开阔、敢打敢拼、敢于担当"为标准,已发现300多名"狮子型"干部人选,其中122人被提拔重用到一线岗位,尤其是招商引资、招才引智、作风巡察等全市中心工作和"急难险重"岗位。

关于选好用好年轻干部方面,武汉市委和市政府思路明确,主要着眼于"积极选派有发展潜力的优秀年轻干部到改革发展主战场、维护稳定第一线、服务群众最前沿磨砺锻炼""选拔一批思想解放、思路开阔、敢打敢拼的'狮子型'干部用在重要岗位,不分年龄、不论性别、不讲资历、不排辈分,打破论资排辈"。

——摘编自《双向流动,发现更多"狮子型"干部》,《人民日报》2018年7月30日

学者评析

> 选育干部，要重"一线"，强"操练"。干部唯有到艰苦地区磨砺品性、在基层一线直面困苦，才能不断筑牢信念、执著精进。要将"浸入式"培养和"压担式"历练相融合，既要放到"吃重"岗位淬火锻炼，又要"踩准"节点有序使用，把经实践检验而涌现出的"好苗子"大胆地推出来、用起来。

河南省郑州市：年轻干部多到吃劲岗位磨练

年轻干部成长，好似炼铁成钢。炼钢需要脱杂、去气、调成分，年轻干部亦要去掉躁气、傲气、颓气、戾气，淬炼锻打，方可练就"钢筋铁骨"。年轻干部的培养有其自身规律，加强培训、给予历练、创造环境、尽快使用，才能培养造就一代又一代可靠接班人。

2014年，河南省启动"素质优化工程"，对不同年龄段、不同层级的年轻干部进行有针对性的培养锻炼；围绕各级领导班子建设，掌握储备一批数量充足的优秀年轻干部。

5年前，河南郑州从市直单位选派县处级干部，到乡镇办任党政正职。李新军辞去市委宣传部副部长职务，来到荥阳市刘河镇，任党委书记。刘河镇地处山区，没钱，没地，没项目，怎样摘掉"穷帽子"？李新军跑遍全镇，挨个查看地块，成功盘活990亩建设用地，流转5000多亩农地。之后，逐一落实招商线索，两年引入11个项目，总投资13.12亿元。两年后，他调任上街区委副书记，负责发展通航产业，得益于这一阶段的积淀。

郑州市文博西路与农科路交叉口，有一座"红旗变电站"。这座

220千伏变电站，从2007年规划选址，到2012年开工、停建，再到2014年全面复工、2016年建成运行，整个过程跌宕曲折。周边居民先是质疑、阻拦，之后是诉讼、上访，最后才主动配合。为推进施工，文化路街道党工委书记王麟乐带领办事处人员，成立10个小分队，逐一入户，解疑释惑；组织权威机构，现场测试辐射指标，消除顾虑。一次次沟通后，施工进场问题终于解决。

可见，使用是导向，年轻干部经过了基层一线、艰苦地区、重点项目等吃劲岗位历练，变得更加成熟。

——摘编自《年轻干部多到吃劲岗位磨练》，《人民日报》2018年7月25日

学者评析

年轻干部不仅要具备专业背景，还要有丰富的岗位历练经验。基层是最好的练兵场，对干部来说，"墩墩苗"于成长大有裨益。党的十八大以来，河南选派了1000多名厅、处、科级干部，参加双向挂职、沿海挂职、信访挂职、扶贫挂职、金融挂职。干部离开机关到基层挂职，从接触乡亲"一头雾水"，到同吃同住同劳动"自我启蒙"，再到满身泥土气息"打成一片"，与群众摸爬滚打在一起，使干部真切触摸到了一个真实、复杂的基层。干部应常怀一颗爱民的心，急群众所急，想群众所想，时时处处做群众的贴心人。在"墩苗"中干部可以亲吻泥土的芬芳，始终把群众装在心里，以心换心。群众信任支持，自然就有了干部施展拳脚的舞台。

第六章

满怀热情关心关爱干部

CHAPTER 6

关心关爱干部，是建设新时代高素质专业化干部队伍的重要内容，是进一步激励广大干部新时代新担当新作为的重要举措。《意见》提出要坚持严格管理和关心信任相统一，政治上激励、工作上支持、待遇上保障、心理上关怀，增强干部的荣誉感、归属感、获得感。重点做好三方面工作：一是注重解疑释惑。完善和落实谈心谈话制度，注重做好思想政治工作，掌握干部思想动态，及时帮干部解开思想疙瘩，为他们加油鼓劲。二是解决后顾之忧。健全干部待遇激励保障制度体系，完善机关事业单位基本工资标准调整机制，完善公务员奖金制度，落实体检、休假等制度，保证正常福利，保障合法权益。三是重视关心基层。推进公务员职务与职级并行制度，实施地区附加津贴制度，给基层干部特别是工作在困难艰苦地区和战斗在脱贫攻坚第一线的干部更多理解和支持，在政策、待遇等方面给予倾斜。

一、完善和落实谈心谈话制度注重解疑释惑

党的十八届六中全会通过的《关于新形势下党内政治生活的若干准则》（以下简称《准则》）明确提出，党组织领导班子成员之间、班子成员和党员之间、党员和党员之间要开展经常性的谈心谈话，坦诚相见，交流思想，交换意见。领导干部要带头谈、也要接受党员干部约谈。习近平总书记指出："对干部经常开展同志式的谈心谈话，既指出缺点不足，又给予鞭策鼓励，这是个好传统，要注意保持和发扬。"① 谈心谈话制度是我党的优良传统和政治优势，是党内民主生活的一个重要方法，也是全面从严治党的一个重要环节。

中国共产党自成立之日起，就注重探索运用这一形式开展党的思想政治工作和群众工作，在革命、建设和改革发展的各个历史时期，逐渐积累和形成了一整套好经验好做法，为加强党的建设，保持和发扬党的政治优势发挥了不可替代的作用。党的十八大以来，按照党中央加强党的建设、坚持全面从严治党的要求，各级党组织在党的群众路线教育实践活动、"三严三实"专题教育和"两学一做"学习教育中，组织引导党员广泛开展谈心谈话活动，取得显著成效，为严肃党内政治生活、形成良好政治生态打下好的基础。

坚持谈心谈话制度，关键是要敞开心扉，以诚相见，见人见事见思想。要带着问题谈，班子成员之间要经常谈心，主动亮明自身存在的问题，诚恳指出对方的问题，相互交换对所在领导班

---

① 《习近平谈治国理政》（第一卷），外文出版社2018年版，第418页。

子存在问题的看法，深入探讨解决问题的意见建议，对一些有误解、有分歧的问题要敞开谈。要出于公心同志式地谈，有话讲在当面，有什么问题就提什么问题，是什么问题就摆什么问题，推心置腹、沟通思想，增进了解、共同提高。

坚持谈心谈话制度，领导干部要带头示范。落实《准则》提出的"领导干部要带头谈"的要求，一般要做到"三必谈"：党委（党组）主要负责同志和班子成员必谈，班子成员相互之间必谈，班子成员和分管部门、单位主要负责同志之间必谈。《准则》提出，领导干部"也要接受党员、干部约谈"。这是对领导干部改进作风、做好工作的基本要求，要真心诚意接谈，满腔热忱沟通，决不能流于形式，更不能以各种理由推托。

坚持谈心谈话制度，村、社区、企业、机关、学校等基层党组织不能放松。要把严肃党内政治生活、加强党的思想政治建设的要求落实到每个支部、每名党员，就必须把经常性的思想政治工作做扎实。要采取个别谈话、集体座谈等多种方式，有组织地在支部开展谈心谈话活动。许多地方和单位利用开展主题党日活动、民主评议党员等契机，组织基层党组织班子成员间逐一谈心，党支部负责人和党员普遍谈心；有的对外出流动党员采取电话沟通等途径，了解思想和工作情况，听取意见建议；有的对困难党员、年老体弱党员上门谈心，主动关怀，扶贫帮困。这些好的做法，值得借鉴和推广。

延伸阅读

谈心谈话成常态

云蒙湖生态区党委严格贯彻党的谈心谈话优良传统，积极开展谈

心谈话活动,将谈心谈话作为党内民主生活的一种常态,并在这一基础上开拓创新,促成良好党内风气的形成。具体做法如下:

(1) 将谈心谈话常态化。

云蒙湖生态区党委自觉把谈心谈话作为领导班子和干部队伍建设的重要抓手,认真坚持全方位、多层次、高频度的开展,扎实推进干部谈心谈话工作常态化。各级党委领导班子、领导干部要经常谈话沟通,并将谈心谈话工作分为确定目标、制订方案、开展谈话、台账督查四个步骤。适时掌握干部在学习、工作、生活等方面的情况,了解他们想什么、做什么、要什么,教育干部保持健康心态,牢记岗位是"公器",职责是重托,脚踏实地干好本职工作。

(2) 做到坦诚相待。

我们深知坦诚相待的谈心谈话就是心灵的展示。谈心谈话过程中我们要以情感人,带着感情、带着坦诚、带着关爱,推心置腹地沟通交流,营造讲真话、谈实情的良好氛围。要有诚心,无论是上下级之间还是党员与党员之间,都要以平等的心态和诚恳的态度与对方交流、"拉家常",以诚相待,开诚布公,畅所欲言。要有实心,坚持实事求是,实话实说,听取意见不怕"刺",查找问题不怕丑,谈问题做到有根有据,达到以事析理,以理服人。要有真心,领导干部要带头说真话,引导党员干部敞开心扉说真话、心里话,以增强相互之间的交流沟通。

(3) 创新谈话途径。

云蒙湖生态区党委把严肃党内政治生活,加强党的思想政治建设的要求落实到每个支部、每名党员,把经常性的思想政治工作做扎实。我们利用开展主题党日活动、民主评议党员等契机,采取"一对一""一对多""多对多"等方式,通过办公室交谈、院落交谈、田间地头交谈等途径,采用"面对面谈""电话谈""周末谈""小长假谈""网聊谈"等方法。多层级进行,细致交心谈心,做到有耐心、有诚心、有责任心，确保方式灵活、内容丰富。

——摘编自《坚持谈心谈话制度，全面从严治党》，共产党员网 2017 年 5 月 11 日

学者评析

> 云蒙湖生态区党委在党内集中性教育和经常性教育中开展广泛深入的谈心谈话活动，丰富完善党的组织生活，是增强党内政治生活的针对性、有效性的有效抓手。事实证明，只有党内谈心谈话制度落实好了，党员干部精神上才有依靠，生活上才有温暖，工作上才有奔头。特别在决胜全面建成小康社会、夺取新时代中国特色社会主义伟大胜利、实现中华民族伟大复兴的中国梦的关键战略机遇期，全面深化改革向纵深推进，党和国家机构改革不断深化，各种关系在进行深刻调整和变革。所以，必须继续完善和落实谈心谈话制度，注重围绕深化党和国家机构改革等重大任务做好思想政治工作，及时为干部释疑解惑、加油鼓劲。

"宽心谈"与"从严管"的契合

与干部谈话，是组工干部的基本功，也是组织部门的一项经常性工作。江苏省东台市高度重视与干部的谈心谈话，从关心、爱护、激励干部和促进领导班子及干部队伍建设角度出发，专门制定出台相应的文件规定，建立起组织与干部之间经常性的交流互通平台。

一是有所侧重分类谈。常委、组织部长侧重与镇区、部门（单位）主要负责人谈心谈话；组织部副部长侧重与镇区、部门（单位）领导班子副职及下属科级单位主要负责人谈心谈话。这一制度建立以来，

已多次对镇区、市直部门单位主要负责同志进行个别面谈，分批次与部分基层科级干部进行了约谈。

二是明确内容重点谈。坚持"五个必谈"，即镇区、部门领导班子成员及下属科级单位主要负责人职务变动、岗位变化或退休时必谈，班子内部出现不团结、不协调或发生重大意见分歧时必谈，工作中出现重大失误、造成不良影响时必谈，家庭或个人生活发生重大变故时必谈，在干部群众中有不良反应时必谈。

三是改进方式深入谈。针对不同谈话对象，采取"指定约谈"与"申请约谈"、"定时约谈"与"随机约谈"相结合的形式，深入开展谈心谈话活动。重点与在基层一线默默奉献的"老实型"干部进行了贴心交流谈话，与工作不力的干部进行了帮助指导谈话，与有违纪苗头性问题、工作不在状态的干部进行了预警提醒谈话。

四是严格程序规范谈。除部领导直接提出谈话对象外，还通过"干部科提建议、部领导审名单"方式确定谈话对象。对主动提出约谈要求的，由干部科室在了解初步情况、向部领导汇报后作出安排。谈心谈话时明确专人记录，对涉及或反映的重要情况、重大事项，及时向市委作出报告。通过推行组织部长谈心谈话制度，进一步拉近了组织部门与基层干部的距离，掌握了基层干部的思想状况、工作情况和个人诉求，一些困扰干部的思想问题、实际问题得到解决，基层干部的精神面貌、工作水平得到显著提升。基层党员干部普遍认为，组织部长谈心谈话，谈到了心坎上，谈到了关键处，谈出了好建议，谈出了凝聚力。

东台市委组织部在实际操作中，有这样几点体会：

一要强化组织保障。在职责明确上，依托组织部门相关职能科室，专门建立组织机构，通过细化工作职责、明确专人协调、规范工作程序，为实施组织部长谈心谈话制度提供必要的保障。在责任强化上，建立组织部长谈心谈话工作责任制，针对工作需求和谈话对象明确部领导班子成员责任，形成齐抓共管的工作合力。在资源整合上，加强谈心谈话组织化程度，可专题开展，也可与走访调研、督查考核、干部调整、民主生活会等结合进行。要充分发挥干部监督联席会议作用，整合纪检、检察、法院、审计等部门资源，多渠道掌握干部监督信息，有针对性地确定谈话对象，确保谈心谈话主题不偏、实效明显。

二要实施规范管理。有序安排谈心谈话对象，根据部领导的工作实际，分批分期推荐确定被约谈对象。明确谈心谈话目的，坚持解决思想问题与解决实际问题相结合，以交流思想、听取情况、征求意见、提醒帮助为重点，被约谈对象要如实报告思想、工作和作风情况，认真分析自身存在的问题和不足。严格谈心谈话工作纪律，统一制作谈心谈话记录专用手册，全程实录谈心谈话内容，及时梳理、分析、汇总，并建立谈心谈话工作档案。

三要注重结果运用。实行谈话登记"建卡"工作机制，对有不良反应、需要提醒注意的干部，建立发放"提醒卡"；对有重大事项漏报不报、需要如实向组织作出说明的干部，建立发放"函询卡"；对有影响部门或个人形象、但够不上党政纪处分的干部，建立发放"警示卡"。建立谈心谈话效果评估机制，跟踪了解谈话效果，坚持"三个多听"，即多听被谈话对象同事的意见、多听基层党员群众的意见、多听服务对象的意见，以严格的整改督查提升谈心谈话实效。同时，在干部考核评价中充分运用评估结果，综合分析干部的德才素质和一贯表现，为干部选拔任用提供重要依据。

——摘编自《"宽心谈"与"从严管"的契合》，中国共产党新闻网 2016 年 8 月 31 日

学者评析

> 对党员干部特别是领导干部，定期不定期开展谈心谈话活动，是适应从严管党治党新常态的必然要求，既体现了组织部门职责，也是对广大党员干部的关心爱护。中共江苏省东台市委组织部，通过开展组织部长谈心交心，引导和鼓励党员干部讲真话、说实话、谈心里话，并根据谈话情况或提醒，或教育，或帮助，以谈心谈话的常态化、长效化增强从严管理干部的规范性、实效性。

二、健全干部待遇激励保障制度体系，解决后顾之忧

在全面从严治党过程中，严管与厚爱从来都是"一枚硬币的两面"，是有机统一的整体。从严管理必然要求干部担当作为，关心关爱也是从严管理的重要保障。推动新时代党的建设，需要在坚持从严管理监督干部的同时，更加重视对干部的厚爱和激励，切实做到从严管理干部推进一步，干部激励工作就跟进一步。**在关心关爱干部方面，《意见》总的要求是坚持严格管理和关心信任相统一，政治上激励、工作上支持、待遇上保障、心理上关怀，增强干部的荣誉感、归属感、获得感。**

从紧张忙碌的党政机关，到繁杂琐碎的基层一线，广大干部忠于职守、履职尽责，奋战在经济社会发展的"主战场"。很多人为了事业遍尝酸甜苦辣，也面临着工作环境、个人发展、生活境遇、心理健康等方方面面的现实问题。干部是党的宝贵财富，"严

管"十分必要,"厚爱"也不可或缺。如何做到既严格教育、严格管理、严格监督,又真正重视、真情关怀、真心爱护?解好这个"方程式",事关干部群体干事创业的积极性、改革创新的动力与活力。

中共中央办公厅印发的《关于进一步激励广大干部新时代新担当新作为的意见》明确提出,完善机关事业单位基本工资标准调整机制,推进公务员职务与职级并行制度,关注心理健康,保证正常福利,保障合法权益。这些细致入微的关怀,让广大干部尤其是基层干部倍感温暖。现实中,基层工作常常面临着"上面千条线,下面一根针"的压力。"五加二""白加黑"的辛劳倒是其次,不被理解、不被认可之苦更令人困扰。有时是"上面不理解",急难险重的任务压力之下,上级机关也许只问结果不问过程,仅"一票否决"的考核就高达十几项;有时是"群众不理解",老百姓还未理解消化,任务就要迅速执行。诚如一位干部在驻村日记中所言:"基层干部长期在一线摸爬滚打,最需要被理解。"作为选人用人者,多站在一线干部的角度分析问题,拿出满怀热情去关心关爱干部,是排忧解难的第一步。

"政治路线确定之后,干部就是决定的因素。"[①] 对干部既从严要求又真诚关爱,是我们党管理干部的重要经验,也是党的一项优良传统。在 2013 年 6 月全国组织工作会议上,习近平总书记指出:"各级都要重视基层、关心基层、支持基层,加强带头人队伍建设,确保基层党组织有资源、有能力为群众服务。对广大基层干部要充分理解、充分信任,格外关心、格外爱护,多为他们办一些雪中送炭的事情。"2017 年 4 月,习近平总书记对廖俊波同志

---

① 《毛泽东选集》(第二卷),人民出版社 1991 年版,第 526 页。

先进事迹作出重要指示，强调"各级党委和政府要关心这些优秀基层干部的家属，满腔热情帮助他们解决困难，特别是要把他们的老人和未成年子女照顾好。这项工作，要有专人负责、专人落实"。党的十八大以来，习近平总书记反复强调关心关爱干部，多为干部办实事、办好事。有党中央的亲切关怀，有政策制度的不断细化和完善，广大干部必将在政治上更有盼头、工作上更有劲头、生活上更有奔头。

当然，**关心关爱干部，绝不意味着溺爱。对干部既从严要求又真诚关爱，是干部管理的内在要求**。应当说，关心爱护干部既是严格要求干部的基础，也是从严要求干部的出发点、落脚点。我们所采取的一切措施，都是为了帮助干部健康成长，激励大家心无旁骛、义无反顾地"撸起袖子加油干"。"干部干部，干是当头的。"很多时候，提供舞台、鼓励作为，就是对干部最好的关心、最好的保护；让吃苦者不吃亏、流汗者不流泪、担当作为者没有后顾之忧，就是对干部最大的支持、最大的鼓励。

好干部是锻炼出来的，也是组织关心出来的。乘风破浪的新时代，不仅呼唤更多"今日长缨在手"的豪情，更期待"万类霜天竞自由"的局面。拿出感情、倾注时间、找到办法，政治上激励、工作上支持、待遇上保障、心理上关怀，切实增强干部的荣誉感、归属感、获得感，让大家干得开心、拼得安心，我们就一定能增强干部队伍的凝聚力、战斗力、创造力。

（一）完善机关事业单位基本工资标准调整机制

《意见》提出，健全干部待遇激励保障制度体系，完善机关事业单位基本工资标准调整机制，实施地区附加津贴制度，完善公务员奖金制度。机关事业单位工资和津补贴制度将得到完善。2018

年《政府工作报告》中提出,未来将完善机关事业单位工资和津补贴制度,向艰苦地区、特殊岗位倾斜。不少地区正在积极落实报告中的要求,未来机关事业单位职工将迎满满利好。

例如,安徽省人社厅在新闻通气会上介绍,2018年安徽省将适时提高最低工资标准。同时,深化机关事业单位工资收入分配制度改革,做好调整机关事业单位基本工资标准、实施地区附加津贴制度和公务员奖金制度、落实人民警察值勤津贴待遇等三项工作。

宁夏回族自治区按照国家统一部署,调整机关事业单位基本工资标准,实施地区附加津贴制度,推动企业建立以一线职工特别是技术职工为重点的工资增长机制,确保居民收入增长与经济增长同步。

此外,天津市完善机关事业单位工资分配制度,适应公务员和事业单位分类改革要求,探索建立符合不同行业、不同职业特点的工资分配制度。落实机关事业单位基本工资标准定期调整机制。扩大公立医院薪酬制度改革试点范围。鼓励事业单位实行高层次人才分配激励政策,强化收入分配激励作用。

(二)推进公务员职务与职级并行制度

2014年12月,中央全面深化改革领导小组第七次会议审议《关于县以下机关建立公务员职务与职级并行制度的意见》。此前,我国县以下机关公务员工资待遇与职务级别直接挂钩,往往面临晋升通道狭窄等困境,导致公务员工作积极性受挫。这一改革,为基层公务员打破成长的天花板,提供了新的职业发展空间。党的十九大报告进一步强调,深化机构和行政体制改革。职务与职级并行制度稳步推进。

职务与职级应该是相对独立、相对分离的。职务反映职级，职级对应一定的职务。 从功能上来看，二者的区别在于，职务的设置给公务员带来权力以及责任义务的承担，职级的设置给公务员带来物质利益以及职业尊严的满足。一条职务序列构成公务员职业发展的一道阶梯，一条职级序列则构成公务员职业发展的另一道阶梯。两道阶梯分别满足公务员职业发展的不同价值追求。推行职务与职级的并行，实质上是使职级真正成为公务员一条独立的职业发展阶梯。那些不能晋升职务的公务员，也可以通过晋升职级获得合理的待遇和尊严。职务与职级分离并行将有利于进一步完善公务员工资制度，薪酬制度是实现职务与职级并行的重要条件。据统计，我国县、乡两级公务员人数占全国公务员总数近60%。受机构规格和领导职数的限制，县、乡两级绝大多数公务员退休之前都解决不了副主任科员的待遇。目前全国约有省部级现职官员3000人，据估算，公务员队伍中能晋升到省部级的比例仅为万分之四。有研究表明，从科员到县处级干部的升迁比例仅为4.4%，从县处级升迁为厅局级的比例更是低至1%。有的人工作几十年还是副科长。根据有关统计，目前各地公务员工资的四个组成部分，职务工资约占20%，级别工资约占25%，地区附加津贴约占45%，各种补贴约占10%。职务工资比例虽不高，但由于地区附加津贴基本按照职务发放，所以实际占了近七成。

职级与待遇挂钩指的是，将公务员经济待遇的分配主要由职务决定转向主要由职级决定，强化职级对经济待遇的决定功能。 公务员待遇一般分为政治待遇、工作待遇、经济待遇三种类型。政治待遇主要包括参加会议、看文件等；工作待遇主要包括办公条件、交通补助和职务消费等；经济待遇主要包括工资、住房、医疗、养老金等。一般认为，政治待遇与工作待遇由职务来决定是具有合理性的，但是经济待遇也由职务决定则不具有合理性。政治待遇与工作待遇的分配，体现的是责权利对等的原则。公务员所承担的责任越大，相应拥有的权力和利益就应该越大。经济待遇的分配，则应该体现按劳分配的原则。公务员的工作能力越强、工作时间越长、工作业绩越突出，相应获得的经济报酬就应该越多。如果仅仅是因为属于同一职务层级，就享受相同的工资待遇，则明显不合理。比如，一个县长和一个国家机关的处长，二者职务相同，但从工作量、工作时间、工作业绩的角度来看，二者的差异很大，不应该享受相同的经济待遇。在国外的公务员分类中，也没有任何一个国家将这两个职位划为同一职级。因此，公务员的经济待遇不应该主要由职务来决定。单纯以职务决定公务员的经济待遇，则完全混淆了责权利对等原则与按劳分配原则的适用范围。只有让职级与待遇挂钩，使职级对公务员的经济待遇具有一定的决定作用，职级才能真正成为公务员在职业发展中取得进步的标志，才能真正成为公务员的努力得到合理回报的标志，公务员才会从内心真正将职级作为职业发展的阶梯，职务与职级的并行才有可能。

延伸阅读

打破成长天花板　基层工作有奔头

乡镇基层干部感受到了组织认可

冬季的秦巴山区，寒风刺骨。周末一大早，广元市朝天区汪家乡工作人员向新林便提着食用油和大米匆忙地赶往乡镇上的贫困户家中。自从参加了结对帮扶，每个周末，他都会到帮扶对象家中探望照料。

在乡镇基层工作了几十年，向新林任劳任怨，很少向上级提要求、要帽子。职务与职级并行的制度实施后，经过层层考核，他的职级提高到副处级。

"很多干部曾担心辛辛苦苦几十年，退休还是个科员。"向新林坦言，由于职务晋升的难度比较大，有的干部到退休都没被提拔，工作中难免产生消极情绪，有时甚至觉得低人一等、没出息。而职务和职级并行后，不仅工资上涨了400多元，更感觉自己受到组织的认可。

向新林说，身边有不少同事本属于事业单位工作人员，因为单位"参公"，而本人又没有职务，"参公"后工资反而比以前少一大截。如今，即使职务难以提拔，也能通过晋升职级体现价值，因此干劲更足了。

让晋升渠道由独木桥变立交桥

"我们推行职务与职级并行制度，但为保证质量也设置了多道'关卡'。"广元朝天区委组织部副部长、区委编办主任杨波表示，基层公务员晋升渠道由"独木桥"变成"立交桥"，基层干部待遇有了想头、工作有了奔头。同时，区里实行严格筛选，让"有能者"提高职级。截至目前，朝天区共有100多名公务员职级得到晋升，基层公务员工作积极性更加高涨。

究竟有哪些关卡呢？朝天区严格的"关卡"涵盖从审核、考察，到测评、公示等各个环节。"任职表现、年度考核等情况，就有人社、编办、纪检等多个部门参与核查。"

向新林回忆，自己当时经过民主测评、个别谈话等重重考验，德才表现、工作实绩、廉政情况等由人事部门和纪检机构量化打分，初步评审合格后，人事部门还需将考察结果向政法、信访等部门征求意见，确定没有部门异议后，才进行职级公示。"严谨绝不亚于干部提拔。"向新林表示，职级的升高必须靠成绩，单靠混日子肯定过不了关。

"虽然任职年限和级别是公务员晋升职级的主要依据,但这并不意味着混日子、不作为、熬够年限就能晋级。"杨波介绍。在首次职级晋升的考核中,朝天区共有8名干部因各种原因未能晋级。

更好调动工作积极性

据了解,在四川省首次晋升职级的工作中,全省共有63685人晋升职级,占纳入实施范围公务员总数的22.4%,人均工资增长408元。

四川省人社厅相关负责人表示,在公务员管理制度中,职务与职级并行制度是重要的组成部分,也是确定公务员工资及其他待遇的依据。职务是指公务员所具有的头衔称谓,主要体现工作能力和职责大小,比如县长;职级指一定职务层次所对应的级别,主要体现资历,比如县长所对应的职级多是县处级正职。

目前,公务员的各种待遇主要与职务挂钩,造成过分看重职务的问题。特别是在县以下机关,公务员受机构规格等因素限制,职务晋升空间小的矛盾更为突出。职务与职级并行,就是要在公务员职务晋升之外,再开辟一条独立的职业发展道路,让那些不能晋升职务的公务员,也可以通过晋升职级获得合理的待遇与尊严。

——摘编自《打破成长天花板 基层工作有奔头》,《人民日报》2018年1月21日

学者评析

大多数干部承担着家庭责任,是家庭的经济支柱。健全干部待遇激励保障制度体系,拥有一份稳定的待遇保障,能让干部安置好家庭生活,解决后顾之忧。健全干部待遇激励保障制度体系,合理调整干部待遇激励方式,就是打破以往"一概论"式的考核激励,让劳动多少与激励丰厚程度成正比,让多劳多得、少劳少得、不劳不得成为规范化制度,是以人为本最基本的体现,也是

> 对基层干部最直接、最现实的关怀和体恤，是一件满足干部期待特别是基层一线干部愿望的好事实事；而更加规范合理、科学有效的激励保障体系，也势必会成为制度改革创新的又一生动实践。让"劳有所得"成为常态，让干部合理合法"争取"福利待遇，这样的举措一定会更好地激发干部干事创业的热情。

（三）健全党和国家功勋荣誉表彰制度

2017年，党和国家功勋荣誉表彰工作委员会制定的《中国共产党党内功勋荣誉表彰条例》《国家功勋荣誉表彰条例》《军队功勋荣誉表彰条例》《"共和国勋章"和国家荣誉称号授予办法》《"七一勋章"授予办法》《"八一勋章"授予办法》和《"友谊勋章"授予办法》已经中共中央批准实施，我国建立了党、国家、军队功勋簿。

以习近平同志为核心的党中央高度重视功勋荣誉表彰工作。党的十八大以来，习近平总书记多次对党和国家功勋荣誉表彰工作作出重要指示，强调要充分发挥党和国家功勋荣誉表彰的精神引领、典型示范作用，推动全社会形成见贤思齐、崇尚英雄、争做先锋的良好氛围。为此，党中央确定了"1+1+3"的制度建设方案，即党中央制定一个指导性文件，全国人大常委会制定一部法律，有关方面分别制定党内、国家、军队3个功勋荣誉表彰条例。在此基础上，制定有关配套的具体办法和规定。开展功勋荣誉表彰工作的基本原则：一是加强统筹规划。坚持党的领导，从党和国家工作大局出发，牢牢把握正确方向，加强科学谋划，确保功勋荣誉表彰制度有效管用、稳定持久。二是突出功绩导向。坚持以德为先，以功绩为重要衡量标准，树起旗帜、立起标杆，综合考虑先进性、代表性和时代性，做到荣誉与业绩相称、褒奖与贡献相当，经得起实践、历史和人民的检验。三是坚持依法依规。建立健全国家法律法规和党内法规，严格按照规定的标准和程序开展工作，坚持群众路线，组织各方面广泛参与，维护功勋荣誉表彰的公正性和权威性。四是注重精神激励。准确把握功勋荣誉表彰的价值导向，坚持以精神奖励为主，充分发挥其精神引领、典型示范作用，推动全党全社会形成崇尚先进、尊爱英雄，为党、国家和人民建功立业的良好风尚。

建立健全党和国家功勋荣誉表彰制度，是完善和发展中国特色社会主义制度、推进国家治理体系和治理能力现代化的必然要求，是培育和弘扬社会主义核心价值观、增强中国特色社会主义事业凝聚力和感召力的重要手段。 条例和授予办法的通过标志着功勋荣誉表彰制度体系的"四梁八柱"已经搭建形成，统一、规范、权威的中国特色功勋荣誉表彰制度已经确立，这项工作的规范化、制度化，对激发全党全军全国各族人民建设富强、民主、文明、和谐、美丽的社会主义现代化强国的积极性，实现中华民族伟大复兴中国梦，具有重大意义。

三、在政策、待遇等方面重视关心基层

基层不稳，丢失根本；基层不牢，地动山摇。党的十九大报告指出："党的基层组织是确保党的路线方针政策和决策部署贯彻落实的基础。"[①] 同时强调："各级党组织要关心爱护基层干部，主

---

① 《决胜全面建成小康社会 夺取新时代中国特色社会主义伟大胜利》，人民出版社 2017 年版，第 65 页。

动为他们排忧解难。"① "上面千条线,下面一根针。"身处党和政府工作第一线的基层干部,往往面临条件差、任务重、待遇低等难题,基层工作者对此叫苦不迭。如何把关心爱护基层干部的工作落到实处,不断激发基层干部队伍活力,俨然成为一道迫在眉睫的难题。

基层干部作为贯彻党的方针政策的骨干力量和党联系群众的重要纽带,他们的工作关系百姓福祉、体现执政水平。 关心重视基层干部,就是理解支持他们的工作,就是为全面建成小康社会、实现中华民族伟大复兴的中国梦提供重要保障。

要让基层干部工作上"有想头"。 基层干部是经济社会发展的重要责任主体,担负着事业发展的繁重任务。面对经济发展、社会稳定,上有要求、下有期待,不干出业绩,领导批评、群众不满,可谓责任重大、压力山大;面对群众衣食住行,事事挂心、件件忧心,认真了就有干不完的工作,透支了健康、累坏了身体。基层干部的困惑和苦恼,反映了经济快速发展和社会深刻转型时期干部的思想、工作和生活状况。理解他们的难处和辛苦,支持他们干事创业,是各级党组织的重要责任。要在政治上充分信任,鼓励他们解放思想、开拓进取、放手干事业;在工作上大力支持,为他们搭建平台、排忧解难,让他们担重任、唱主角;在生活上热情帮助,经常与基层干部交心谈心,走进他们的心灵世界,倾听他们的呼声和期盼,体察他们的苦与乐、忧与愁。特别是对于干出成绩的要大张旗鼓地宣传,对于默默无闻的要格外关注,对于遭遇困难、疾苦和烦恼的要排解舒缓。只要对基层干部真正重

---

① 《决胜全面建成小康社会 夺取新时代中国特色社会主义伟大胜利》,人民出版社2017年版,第64页。

视、真心关爱、真情付出，才能让他们点燃起希望、焕发出干劲。要从思想上重视基层干部，从感情上贴近基层干部，经常与基层干部谈心谈话，听取意见、解决困难、提出要求、寄予希望，使广大基层干部把对党的感恩之心转化为为人民服务的强大动力。

要让基层干部经济上"有甜头"。 经过改革与发展，人民群众的物质文化生活水平总体上有了很大提高。但是相对而言，基层的条件要差一些，特别是对于农村和边远地区来说，广大基层干部长年在一线拼搏奋斗，工作很辛苦、环境很艰苦、生活很清苦，有的甚至一连几月拿不到工资。即便如此，他们依然兢兢业业、任劳任怨，养成了吃苦耐劳的品格和作风，表现出了很高的政治觉悟。虽说"领导就要服务，干部就当辛苦"，但基层干部不是生活在"真空"中，他们也是上有老下有小，也要养家糊口，必须加快从制度上解决基层干部收入偏低这一现实问题，让他们能够安心工作。要建立健全基层干部工资稳定增长机制，在工资福利方面向基层干部倾斜，从经济上彰显他们工作的社会价值，既可解除他们柴米油盐、衣食住行等方面的后顾之忧，也能减少公务员系统内部不同层级干部之间的心理落差。关心关爱基层干部，就必须采取从待遇上保障和心理上关怀等方式加强生活上的照顾，切实为基层干部解决后顾之忧，以意气风发的工作面貌做好各项工作。各级领导干部要把关心关爱基层干部，体现在提高基层干部政治待遇、工资和政策向基层倾斜，积极为基层干部创造良好的工作、生活和成长条件。

要让基层干部政治上"有奔头"。 "宰相必起于州郡，猛将必发于卒伍。"在基层，直接面对群众，直接面对各种矛盾和问题，各项工作都要亲历亲为，有过一定基层经历的干部，做群众工作的能力、处理实际问题的能力、应对复杂局面的能力都会相对较强。但囿于基层天花板等原因，很多优秀的基层干部提拔的机会偏少。干部在基层成长，干部从基层选拔，干部在基层接受锻炼和考验，这是党一贯的用人方针，也是领导干部成长的科学规律。特别是党的十八届三中全会强调，打破干部部门化，拓宽选人视野和渠道，加强干部跨条块跨领域交流；深化公务员分类改革，推行公务员职务与职级并行、职级与待遇挂钩制度。这为提高基层干部的政治待遇开辟了新的空间。各级党组织要在政治上多关心基层干部的成长进步，让想干事者有机会、能干事者有舞台、干成事者有地位，让那些在基层这片沃土上辛勤耕耘的干部"待得住、干得好、流得动、上得来"。

他山之石

着力解决实际困难

泸水市历来高度重视基层干部队伍建设工作，始终把关心关爱基层干部作为科学管理、充分调动基层干部积极性的重要措施，努力建设一支数量充足、结构合理、政治坚定、作风过硬、能力突出的基层干部队伍，为全市经济社会发展和脱贫攻坚提供人才保证。泸水市关心关爱基层主要做法如下：

（一）坚持人文关怀，着力解决实际困难。近年来，市委不断加强基层干部办公硬件设施和住房建设，着力帮助解决乡镇干部办公、住房、生活等方面困难问题。

（二）树立基层选人用人导向，提高基层干部积极性。近年来，市委树立鲜明的基层导向，把下基层作为年轻干部的必修课、作为干部提拔重用的重要条件，推动"年轻干部到基层去、机关干部从基层来"，引导人才走向基层。一是加大乡镇公务员、事业人员招考力度，扩大乡镇招录人数比例。2014年以来，共招录公务员99人，选调生3名，其中，乡镇招录56人，占56.6%；招聘事业人员138人，其中，乡镇招聘122人，占88.4%。二是坚持每年从优秀村（社区）书记、主任，优秀大学生村官招录进入乡镇公务员队伍。2012年来，共招录（社区）书记、主任4人，大学生村官1人。三是坚持基层一线选拔和培养使用干部的用人导向，不断探索建立乡（镇）基层一线党政领导干部培养选拔链。市委在乡镇领导干部岗位空缺时，优先从乡镇公务员队伍中提拔使用，乡镇无适合人选时，才从市直部门提拔选派优秀年轻干部到乡（镇）担任领导职务。2016年以来，从乡镇中提拔领导干部29人，占全年提拔干部的25.7%；乡镇领导干部交流到市直部门34人，市直部门领导干部交流或提拔到乡镇41人，乡镇间交流14人。四是进一步拓宽选人用人视野，保证乡镇干部队伍的源头活水。在乡镇换届时，从村（社区）党组织书记、主任，大学生村官，乡镇事业人员中竞争选拔优秀干部到乡镇领导班子中。2017年乡镇人大、政府换届时，共有3名乡镇事业人员、1名村（社区）党组织书记、1名大学生村官选拔进入乡镇领导班子。五是积极开展挂职锻炼，引导干部到乡镇磨练。市委把乡（镇）作为磨练干部的"主战场"，2014年以来，州级先后下派15名年轻干部到乡镇挂职锻炼。

（三）注重加强与基层干部的思想感情交流。在干部职务变动、受到奖惩、岗位变动、存在问题等情况时，及时进行诫勉谈话，加强激励引导和帮助疏导解决思想问题。建立党委书记与班子成员、班子成员与一般干部之间交心谈心制度，采取面对面交谈等多种方式，及时了解干部思想动态、工作生活状态，做到多理解少抱怨、多鼓励少指责、多服务少施压。

（四）注重加强考核结果运用。对在考核中表现突出的乡（镇）干部优先提拔重用，在干部调整时给予重点考虑；对考评较差、工作实绩排名靠后的干部,视不同情况给予相应的岗位调整。

(五)努力从补贴待遇上关爱基层干部。严格执行乡镇岗位补贴,从2014年1月1日起每人每月标准500元,实行按月发放,共有2652人享受乡镇岗位补贴。严格兑现各项奖励政策。依据年终考核结果,对工作实绩突出的干部要给予一定的奖励。严格按照《中共云南省委办公厅关于印发〈云南省加强乡镇干部队伍建设的实施意见〉》相关规定,执行制度留人制度,从乡镇调到市直以上部门的,乡镇服务必须满5年。且在服务期内上级机关不得以顶岗、学习等名义长期借调乡镇干部。

(六)加大乡镇干部教育培养,不断提升队伍整体素质。一是强化培训教育。通过采取乡镇定期集中学习、科级干部举办轮训班、自学、上派学习等形式,不断提升乡镇干部队伍政治理论和业务水平、执政能力。二是选派优秀乡镇年轻干部以参与乡镇重点项目建设、扶贫攻坚、信访维稳等方式,不断提升乡镇年轻干部处理问题和谋划基层发展的能力。三是选派优秀乡镇年轻干部到市州相关部门进行跟班学习。

(七)严格管理,强化乡镇干部队伍日常监督。泸水市加强对乡镇干部队伍的管理,加大治庸问责力度。市委督查室定期不定期对乡镇干部"走读"情况、廉政情况、驻村情况、工作情况进行督查,让乡镇干部在制度框架下形成尽职尽责、积极向上的良好风范,引导他们树立正确的学风、思想作风、工作作风和生活作风,树立起公道正派、清正廉明的乡镇干部良好形象。

——摘编自《浅析泸水市关心关爱基层干部的主要做法和存在问题》,怒江党建网2018年2月27日

学者评析

基层干部是党联系服务群众的桥梁与纽带，是推动各项方针政策落地的重要力量，是加强基层基础工作的关键因素。如果说基层是我们党执政大厦的"地基"，那么基层干部就是这个地基中的"钢筋"。对基层干部的关心关爱，既是激发工作干劲的必要保障，也是推进基层工作的根本动力。泸水市从七个方面建章立制，把关爱基层干部落到了实处，在全市营造了"关爱基层干部"的浓厚氛围，不断改善干部工作、生活和精神环境，充分调动他们干事创业的积极性、主动性、创造性。

第七章

凝聚形成创新创业的强大合力

CHAPTER 7

激发干部干事创业、担当作为，需要营造良好氛围、形成工作合力。在凝聚形成创新创业的强大合力方面，《意见》提出各级党组织要切实增强"四力"，即政治领导力、思想引领力、群众组织力、社会号召力；要大力弘扬中华民族的"四个伟大精神"，即伟大创造精神、伟大奋斗精神、伟大团结精神、伟大梦想精神，让广大干部聪明才智充分涌流，让各类人才创造活力竞相迸发。提出四条具体措施：一是加强科学统筹，制定和执行政策坚持具体问题具体分析。二是大兴调查研究之风，尊重基层首创精神。三是加强党内政治文化建设，弘扬忠诚老实、公道正派、实事求是、清正廉洁等价值观。四是加强舆论引导，维护干部队伍形象，大力宣传改革创新、干事创业的先进典型，激励广大干部见贤思齐、奋发有为。

一、制定和执行政策坚持具体问题具体分析

具体问题具体分析是指在矛盾普遍性原理的指导下,具体分析矛盾的特殊性,并找出解决矛盾的正确方法。要求人们在做事、想问题时,要根据事情的不同情况采取不同措施,不能一概而论。具体问题具体分析是马克思主义活的灵魂,是马克思主义哲学的一条基本原则,最早是由列宁提出来的。列宁认为,在运用马克思主义的一般原理时,一定要对具体的客观实际进行具体分析,而不能脱离具体的客观实际,把一般原理当成教条。他说:"我们不否认一般的原则,但是我们要求对具体运用这些一般原则的条件进行特别的分析。抽象的真理是没有的,真理总是具体的。"[1] 具体问题具体分析是马克思主义政党开展工作的基本方法。

当前,在决胜全面建成小康社会、夺取新时代中国特色社会主义伟大胜利、实现中华民族伟大复兴的中国梦的关键时期,我们党面临的新情况新问题将层出不穷,各级干部都要本着实事求是的精神,警惕本本主义、经验主义的干扰,对改革发展过程中的实际问题要具体问题具体分析。《意见》也强调了这一点,要加强科学统筹,制定和执行政策坚持具体问题具体分析,坚持分类指导、精准施策,充分发挥政策的激励引导和保障支持作用。

---

[1] 《列宁全集》(第12卷),人民出版社1987年版,第273页。

他山之石

不毛之地成了塞上绿洲

山西省右玉县绿了,森林覆盖率由0.3%达到53%,成为全国造林绿化先进县、国家级生态示范区、国家4A级旅游景区,昔日的不毛之地变成了"塞上绿洲"。

右玉不仅绿了,美了,而且富了。建设起富美和谐的幸福新右玉:从风灾重地到新能源基地,从黑色煤炭到绿色开发,风能、太阳能、矸石发电等喷薄而出,生态工业迸发出前所未有的活力,财政收入从2005年的8225万元增长到2012年的8.1亿元,年均递增39%。

十山九无头,狂风遍地走,右玉为全国少有的风口谷地,多少年来右玉饱受风灾之苦。长期以来,只是种树防风,未曾想到无中生有,向风要钱。

开发风能资源,右玉做出一个140万千瓦的风力发电项目规划,开始向投资者招手。2009年,投资近4亿元的右玉小五台风电厂开工建设,拉开了右玉清洁能源建设的大幕。小五台风电厂投产以来,年可发电6950万千瓦时,节煤2.47万吨,减少向大气排放粉尘0.24万吨,减少二氧化碳1.24万吨,减少二氧化硫0.042万吨,减少氮氧化合物0.024万吨,带来环保、经济双效益。2013年,又有5家风电厂正在建设中,右玉成为名副其实的风电基地。

右玉不仅实现了向风要钱,而且还实现了向太阳光要利润,国电投资建设的1万千瓦光伏发电项目已经投入运行,就连废弃的煤矸石也被煤矸石电厂和泉鑫高岭土公司"吃干榨尽",右玉人建起了一个颇具规模的清洁能源产业链。

生态立县,绿色发展,右玉形成了绿色的"两区一带":梁威绿色生态工业园区、元堡循环经济工业园区和一条环县城的清洁能源经济带，吸引了高新技术产业纷至沓来。县委书记苏连根说："围绕绿色做文章，精心打造生态产业链条，着力开发生态工业、生态农业、生态旅游业'三大'经济板块，做足做活生态文章，达到经济效益、社会效益和生态效益的协调发展。"

又到春耕春种时节，丁家窑村村民胡玉虎雷打不动地又种了10亩苦荞，用他的话说，这是"优质股"。去年，他的10亩苦荞给他带来每亩5000多元的收入，还是厂家直接到地头收购，一手交货一手给钱。

就像苦荞这样，车间直接连着农民地头，形成了条条产业链，不仅让右玉绿色产品实现就地转化，而且就地增值。2012年，右玉参加了第二届山西特色农产品北京展销周，蓝天沙棘、臣丰苦荞、中大亚麻油、小杂粮等右玉特色农产品，受到了客商和前来参观的市民青睐。先后签订了6个项目，总金额10.73亿元。

一条以龙头企业为带动、以园区为载体的现代农业产业之路逐渐清晰：全县以生态经济为主线，把牛羊肉、小杂粮现代化深加工作为主攻方向，让"养在深闺人未识"的右玉绿色农副产品叫响名头，实现就地转化增值。

"吃农家饭、住农家屋、干农家活。"右玉农村环境优美，民风淳朴，围绕农家庭院、民俗风情、农家生活和乡村文化，着力建设与乡村旅游度假相结合的休闲旅游特色村，一批集休闲、娱乐、体验、旅游于一体的农村游项目，在右玉兴盛起来。右玉县县长告诉记者，右玉通过"藤上结瓜"的方式，把特色生态旅游打造成为游客观光消费之道，农民增收致富之道，绿色经济发展之道，生态旅游呈现出井喷之势，2012年，右玉全县接待游客达100万人次，实现旅游收入9.86亿元。

——摘编自《右玉是怎么变绿变富的》，《光明日报》2013年4月15日

学者评析

习近平总书记在2011年中央党校开学典礼讲话中说，全国的干部"都应该抓落实。山西的右玉县，十几任领导班子坚持不懈，干部群众努力60年把一个不毛之地变成了塞上绿洲了，他们几十年干一件事，那就是抓落实"。这段讲话以后，全国很多地方都知道了右玉县。因生态建设成绩卓著，右玉县获得山西省首个"国家水土保持生态文明县"称号，2010年还曾被授予"联合国最佳宜居生态县"称号。"右玉精神"以"执政为民、尊重科学、百折不挠、艰苦奋斗"为核心，是一种坚持不懈的"种树精神"，是一种立足实际具体问题具体分析的科学精神。右玉立足生态环境实际，因地制宜，创造性坚持诸多产品的就地转化增值，实现了生态环境和经济状况的同步大改善。

二、大兴调查研究之风，尊重基层首创精神

调查研究是我们党的优良传统，是坚持辩证唯物主义和历史唯物主义世界观、方法论的必然要求。为什么要调查研究呢？首先，没有调查，"你对某个问题的现实情况和历史情况必然不知底里，对于那个问题的发言便一定是瞎说一顿"[1]。所以，没有调查就没有发言权。其次，调查就是解决问题。毛泽东同志说，"调查就像'十月怀胎'，解决问题就像'一朝分娩'"[2]，"一切结论产

---

[1] 《毛泽东农村调查文集》，人民出版社1982年版，第1页。
[2] 《毛泽东选集》（第一卷），人民出版社1991年版，第110页。

生于调查情况的末尾,而不是在它的先头",那些不作调查研究,整天冥思苦索地想办法的人,"一定要产生错办法和错主意"。① **重视调查研究,善于调查研究,在调查研究的基础上解决突出矛盾和问题,是我们党一以贯之的优良传统,是谋划工作、科学决策的重要依据。广大党员干部尤其是领导干部,要带头深入基层搞调研,切实把调查研究作为提升决策水平的重要基本功、破解难题的根本方法、改进作风的重要突破口。**

调查研究不仅是一种工作方法,而且是关系党和人民事业得失成败的大问题。**党的根基在人民、力量在人民,人民群众是推动党和国家事业发展的力量源泉。**重视调查研究,了解人民群众实际,始终保持同人民群众的血肉联系,才能赢得人民群众信任和拥护,凝聚起推进事业发展的磅礴力量;才能实现决策的科学化、民主化,更好地推进经济社会发展。经常走出机关,深入实际、深入基层、深入群众,进行各种形式和类型的调查研究,有利于党员干部进一步转变工作作风、增进同人民群众的感情;有利于党员干部深切了解人民群众的创造精神、实践经验,增长智慧和才干。

中国共产党的宗旨是全心全意为人民服务,我们的一切政策、方针、措施、计划都是为了人民的利益。要符合群众的利益,适合群众的心愿。一项政策、措施好还是不好、对头还是不对头,都要经过实践的、群众的检验。人民群众是最有资格的裁判者、评判者。这就是为什么习近平总书记向全党发出大兴调查研究之风的号令。对于今天的领导干部而言,大兴调查研究之风,既要到工作局面好和先进的地方去总结经验,又要到困难较多、情况

---

① 《毛泽东农村调查文集》,人民出版社1982年版,第2、3页。

复杂、矛盾尖锐的地方去调查研究。必须敢讲真话，有坚持真理、修正错误的勇气。应该有一说一，有二说二，有喜说喜，有忧说忧，不能只报喜不报忧。每年用相当的时间到基层去，到群众中去，到贫困的地方去调查研究，走街串巷，直接同实际接触，同群众接触，坐到炕头上与群众聊家常，才能听到群众的知心话，这是在汇报、报告、统计中看不到、听不到的，也是任何间接手段不能替代的。反之，如果领导干部不把调查研究当回事，目的不纯、姿态不正、作风不硬，甚至是"坐着小车转，隔着玻璃看"的"钦差大臣"式、"蜻蜓点水"式、"嫌贫爱富"式调研，看到的是形象工程，听到的是"神仙数据"。这样调查研究走形变味，不仅劳民伤财，还贻误发展、误导决策，而且有损党的形象，从而脱离为人民服务的宗旨。

调查研究的重点应紧紧抓住新时代中国特色社会主义这个主题，做好新时代中国特色社会主义这篇大文章。党的十九大报告明确指出："中国特色社会主义进入新时代，我国社会主要矛盾已经转化为人民日益增长的美好生活需要和不平衡不充分的发展之间的矛盾。"[①] 我国社会主要矛盾的转化是关系全局的，对党和国家工作提出了许多新要求。要适应新时代、聚焦新目标、落实新部署，如果凭经验办事、拍脑袋决策，就不可能闯过这一关，实现历史性转变。唯有打破思维惯性和路径依赖，老老实实深入调查研究，以马克思列宁主义、毛泽东思想、邓小平理论、"三个代表"重要思想、科学发展观、习近平新时代中国特色社会主义思想为指导，贯彻不唯书、不唯上、要唯实的精神，抓重点、补短

---

① 《决胜全面建成小康社会　夺取新时代中国特色社会主义伟大胜利》，人民出版社2017年版，第11页。

板、强弱项,坚决打好防范化解重大风险、精准脱贫、污染防治三大攻坚战,完成好转变经济发展方式、优化经济结构、转换增长动力等改革发展任务。更好满足人民在政治、经济、文化、社会、生态等方面日益增长的需要,更好推动人的全面发展、社会的全面进步。

衡量调查研究是不是有成效,标准是什么?标准就是看能不能解决问题。毛泽东同志说:"如果你能应用马克思列宁主义的观点,说明一个两个实际问题,那就要受到称赞,就算有了几分成绩。被你说明的东西越多,越普遍,越深刻,你的成绩就越大。"[①]他曾形象地比喻说:"调查就像'十月怀胎',解决问题就像'一朝分娩'。调查就是解决问题。"[②] 调查了半天,不解决问题,调查还有啥意义。

同做好其他各项工作一样,调查研究作为领导机关的一项基础工作、领导干部的一项基本功,需要我们除了在思想上高度重视外,还必须加强领导、精心组织。而加强领导的有效方法是,各级党政"一把手"要亲自抓调查研究工作,亲自确定调查研究的题目,亲自确定调查提纲,亲自解决调查研究中遇到的问题,切实运用调查研究成果来指导、推动工作。在调查的基础上,要深入研究,经过去粗取精、去伪存真、由此及彼、由表及里的加工制作,分析归纳,加以系统化、条理化,并且透过纷繁复杂的现象,抓住事物的本质,找出它的内在规律,从而由感性认识上升为理性认识,作出正确的决策。在全党上下"大兴调查研究之风"之际,领导干部理当调整姿态、端正态度、掌握方法,一方

---

① 《毛泽东选集》(第三卷),人民出版社1991年版,第815页。
② 《毛泽东选集》(第一卷),人民出版社1991年版,第110—111页。

面要放下架子、扑下身子，接地气、通下情；另一方面，要甘当群众的学生，问政于民、求计于民、取智于民，真正找准群众最盼、最急、最忧、最怨的问题，使调研的过程成为体现民意、集中民智、凝聚民心的过程，使各项决策、政策更加符合民意、更加科学有效，使人民群众的获得感、幸福感、安全感更加充实、更有保障、更可持续。

我国发展仍处于重要战略机遇期，前景十分光明，挑战也十分严峻。各级领导干部更有必要大兴调查研究之风。没有调查，就没有发言权，更没有决策权。我们要下点苦功夫去取得发言权、决策权。大兴调查研究之风，领导干部要率先垂范。领导的一项重要职责是根据工作需要作出科学合理的决策。而要想科学决策，刻舟求剑不行，闭门造车不行，异想天开更不行，必须进行全面深入的调查研究。同时，调查研究也是一个领导干部自我学习、不断提高自身能力和水平的过程。作为领导干部，深入实际调查研究，需要透过纷繁复杂的现象抓住事物的本质，找出内在规律，由感性认识上升到理性认识，并在此基础上作出正确决策。这既是对领导干部发现、分析、解决问题能力的一种检验，也是对领导干部整体素质的一种提升。习近平总书记在中央党校2011年秋季学期第二批入学学员开学典礼上强调，领导干部不论阅历多么丰富，不论从事哪一方面工作，都应始终坚持和不断加强调查研究。领导干部要切实把调查研究作为提高领导水平、推动工作落实的重要途径和方法，坚持实事求是、认真负责的态度，发扬一丝不苟、艰苦细致的作风，真正号准群众脉搏，了解群众所思所盼，全面掌握真实情况，以高水平、高质量、高价值的调研成果为推进党和政府科学决策、民主决策提供依据和参考，让调查研究真正发挥作用、推动发展。

> 延伸阅读

习近平总书记考察调研的小瞬间与大画面

（1）高频次调研，路线不简单。

2016年，习近平总书记出京调研共有七次。

让我们看看这个"时间表"和"路线图"：

1月，重庆；2月，江西；4月，安徽；5月，黑龙江；7月，宁夏、河北；8月，青海。

以习近平的政务、国务活动之多，开展这么高频次、高密度的基层调研，一年七次，在时间上都是排得满满当当；而从行程上看，则是以中西部和欠发达地区为主。

习近平基层调研的一大特点，是行必至最偏远、最困难之地，访必进村、入户。

在安徽，为深入地处大别山腹地的大湾村，他从北京坐了一个半小时飞机到合肥，又坐了一个半小时汽车到金寨，再用一个多小时进山。

在宁夏，习近平调研的西海固地区海拔在1248米至2955米之间。而他从固原市六盘山机场一下飞机，就驱车到西吉县将台堡；下午，冒雨考察了两个村的脱贫攻坚工作；第二天，他又到银川市金凤区新城清真寺、永宁县闽宁镇原隆移民村、宁浙创业园和宁东能源化工基地等地考察。路途辛劳可想而知。

近年来，每年春节前夕已成为习近平"铁定"的调研时间。今年的江西之行，时间选在了农历腊月廿三至廿五——这是他担任总书记以来第四次在新春佳节到来之际看望基层群众。

（2）聊的是家常，问的是细账。

在调研时，习近平常常步入寻常百姓家促膝而谈。"我听你们说说心里话，咱们唠一唠。"这样的开场白，让人倍感亲切。

在宁夏杨岭村，"总书记就是坐在我家的炕沿儿中间跟大伙儿算脱贫账的。"村民马克俊说。

"总书记进村先到了我家，刚盖的新房子里连个凳子都没有，总书记就站着跟我们老两口说话。"青海海东市班彦村村民吕有章回忆道。

和总书记聊天，聊什么呢？他问得最多的又是什么？

调研回访的记录显示，言语间大都是家常事。而总书记对账本和扶贫手册"格外关注"，看得认真，问得细致。

在宁夏杨岭村考察扶贫情况时，习近平走进回族群众马科的家，掀开褥子看炕垒得好不好，问屋顶上铺没铺油毡、会不会漏雨，电视能看多少个台，还关心地问家里的小男孩："你常洗澡吗？"

墙上张贴着的"建档立卡贫困户精准脱贫信息卡"，引起他注意。"6口人、劳动力2人，养牛6头，种玉米15亩，牛出栏2头收入7000，劳务输出收入21500，综合收入47000……"习近平逐项察看，一笔一笔算着马科家的收入账。

江西茅坪乡神山村是个贫困村。在村党支部，总书记认真翻看规划、簿册和记录。据为他介绍情况的乡党委书记兰胜华回忆："总书记翻到中间还不时地问我，说这家怎么只有儿子、孙子，我说这家有些特殊情况，家里有变故。他看了很多户，而且每户都仔细看。"

转型发展，民生为要。谈的是家常事，牵出的却是总书记时刻关切的大事。扶贫进展怎么样，人民生活怎么样，对"民生"二字，习近平始终记挂于心。

"'十三五'时期经济社会发展，关键在于补齐'短板'。"习近平调研时，注重问题导向，总结创新经验，为重大决策搜集第一手参考材料。比如，针对我国自然灾害频发的状况，他在河北唐山调研了当地防灾减灾能力建设。10月召开的中央深改组第二十八次会议审议通过了《关于推进防灾减灾救灾体制机制改革的意见》。

（3）以小见大看转型，由点及面作部署。

在我国经济新常态下，转型发展是不断增进民生福祉的动力，民生保障又是确保转型升级得以成功的重要基础，二者互相促进。

对各地立足自身资源发展转型的变化，习近平在调研时给予肯定，也提出新期望。"推进供给侧结构性改革，发达地区要有新作为，欠发达地区也要有新作为。"他在宁夏考察时强调。

重庆制造业升级，交出GDP连续两年多领跑全国的答卷；安徽农业转型，推动传统农业大省向现代生态农业强省跨越；黑龙江林区转型，广开思路，多策并举，做大做强旅游经济和林下经济……不同地区采取的转型路径及典型案例，习近平调研时看在眼里，记在心中。

在一次次调研中，习近平鼓励基层大胆创新，重视调动和激励各方面的积极性、主动性、创造性，鼓励不同区域进行差别化试点，推动着顶层设计与基层探索有机结合。

习近平多次在调研期间开会，重视效率，不拘一格的"趁热打铁式"谋划布局令人印象深刻。

在重庆调研期间，习近平召开了推动长江经济带发展座谈会，听取11个省区市"一把手"的意见和建议。从产业结构调整到经济转型、从推动区域经济发展到生态环境保护，他对长江经济带发展作出全面部署。调研安徽，他召开座谈会，为新一轮农村改革定下基调。在宁夏调研期间，习近平召集20多个省区市"一把手"，召开座谈会，将积累20年经验的闽宁合作模式进一步推广，就东西部扶贫协作、对口支援工作提出新要求。

几次会上的部署，既有高屋建瓴的战略谋划，也有富于操作性的战术指导。

以小见大、由点及面，现场"办公"、及时布置，总书记的调研联系实际、联系基层，心系百姓，体现了党的实事求是思想路线和"从群众中来、到群众中去"的优良作风,开了以上率下的调研新风。

小小的调研瞬间,展现的是总书记推动中国经济转型发展的大大画面。

——摘编自《2016,习近平考察调研的小瞬间与大画面》新华网2016年12月27日

学者评析

> 调查研究是谋事之基、成事之道。没有调查,就没有发言权,更没有决策权。2017年12月25日,在十九届中央政治局召开的民主生活会上,习近平总书记指出,要在全党大兴调查研究之风,放下架子、扑下身子,接地气、通下情,"身入"更要"心至",开展深入细致的调查研究。何为"心至",习近平总书记以自身的亲身实践,为各级领导干部作出了表率。

三、加强党内政治文化建设

政治文化包括政治认知、政治信念、政治情感、政治态度、政治价值观等,深刻影响人们的政治行为。党内政治文化是强党兴党更基本、更深沉、更持久的力量。习近平总书记在党的十八届六中全会上指出,党内政治生活、政治生态、政治文化是相辅相成的,政治文化是政治生活的灵魂,对政治生态具有潜移默化的影响。这一重要论述,深刻阐明了政治生活、政治生态和政治文化的相互关系,在党的建设史上第一次明确提出了政治文化建设这一重大命题,抓住了加强和规范党内政治生活的根本,具有很强的现实针对性,是新形势下推进全面从严治党、推进党的建

设新的伟大工程的重大理论创新。

不同的政党产生发展于不同的政治、经济、社会环境，在此基础上形成自己独特的党内政治文化。**中国共产党党内政治文化是党在长期革命、建设、改革开放实践中形成、体现并影响党组织和党员政治行为的精神因素。中国共产党是由先进文化孕育而生的，又始终代表中国先进文化的前进方向。**中国共产党成立伊始，就把马克思主义作为根本指导思想，在带领全国人民进行革命、建设和改革伟大实践的进程中，形成并不断丰富和发展了党内政治文化。

新民主主义革命时期，以毛泽东同志为主要代表的中国共产党人坚持以马克思列宁主义为指导，并结合中国革命和中国共产党自身建设实际，有力推动了党的建设伟大工程和党内先进政治文化的形成。

中华人民共和国成立后，我们党加强思想建设、组织建设和作风建设，大力发扬党的实事求是、群众路线等优良传统，健全党的民主集中制，发展党内民主生活，加强对党组织和党员的监督，既传承了党内政治文化的优秀基因，又丰富了党内政治文化建设的基本内涵。

改革开放以来，我们党十分重视政治文化建设。1980年制定的《关于党内政治生活的若干准则》，对党在长期政治生活实践中取得的宝贵经验进行了总结，强调坚持党性，要讲真话、言行一致，发扬党内民主、正确对待不同意见，保障党员权利不受侵犯，接受党和群众的监督、不准搞特权，这些原则和内容直到今天仍要很好地坚持。

党的十八大以来，以习近平同志为核心的党中央顺应时代发展变化对全面从严治党提出的新要求，强调要注重加强党内政治文化建设，开展了党的群众路线教育实践活动、"三严三实"专题教育和"两学一做"学习教育，引导党员干部端正政治思想、强化政治认同。

习近平总书记在十八届中央纪委七次全会上指出，我们的党内政治文化，是以马克思主义为指导、以中华优秀传统文化为基础、以革命文化为源头、以社会主义先进文化为主体、充分体现中国共产党党性的文化。这既阐述了党内政治文化的深刻内涵，又指明了党内政治文化建设的发展方向。加强党内政治文化建设，必须把牢马克思主义这个命脉，坚持"老祖宗不能丢"，旗帜鲜明地讲马克思主义。当前首要的政治任务是深入学习贯彻习近平新时代中国特色社会主义思想，武装头脑、指导实践、推动工作。必须坚守中华优秀传统文化这个根基，发挥优秀传统文化资政育人作用，教育引导党员干部明心见性、正德修身。必须弘扬革命文化这个魂魄，传承红色基因，用好红色资源，教育引导党员干部保持共产党人政治本色，坚守共产党人精神家园。必须强化社会主义先进文化这个主体，用中国经验来深化中国理论，用中国故事来展示中国价值，教育引导党员干部坚守文化立场、坚定文化自信。

党的十八大以来，我们党坚持全面从严治党，"老虎""苍蝇"一起打，反"四风"、转作风，党的建设新的伟大工程不断取得新成效。新形势下，要进一步把我们党建设好，需要从党内政治文化这一更深的层次切入，促进党的建设由治标向治本迈进。

党内政治文化建设要注重从先进文化中汲取营养。党内政治文化不乏源头活水和肥沃土壤。坚持马克思主义立场观点方法，是坚定理想信念的理论基础。优秀传统文化中的格物致知、诚意正心、修齐治平思想，革命文化和社会主义先进文化中的宝贵经验，以爱国主义为核心的民族精神和以改革创新为核心的时代精神中的先进思维等，都为党内政治文化建设提供了丰富滋养。

党内政治文化建设要注重营造风清气正的良好政治生态。长期以来，一些地方和部门一度出现了形形色色的"潜规则"、大大小小的关系网、"劣币驱逐良币"的逆淘汰，严重损害了政治生态。党内政治文化建设要求领导干部具备自我革命的精神，加强自警自省自律，坚持自我修炼、自我约束，旗帜鲜明抵制和反对关系学、厚黑学等庸俗腐朽思想，营造风清气正的良好政治生态。

党内政治文化建设要注重严明政治纪律和政治规矩。纪律严明是全党统一意志、统一行动、步调一致前进的重要保障，是党内政治生活的重要内容，是党内政治文化建设的政治保证。《关于新形势下党内政治生活的若干准则》强调，全党特别是高级干部必须严格遵守党的政治纪律和政治规矩。党内政治文化建设要求各级党组织和党员必须进一步增强"四个意识"特别是核心意识、看齐意识，在思想上、政治上、行动上自觉同以习近平同志为核心的党中央保持高度一致。

党内政治文化建设要注重思想建党与制度治党相统一。新的历史条件下，我们党面临的执政环境和执政条件发生了很大变化，党面临的"四大考验""四种危险"异常严峻、复杂。要有效化解党面临的重大挑战和危险，首先要把党内存在的突出矛盾和问题解决好，其中很重要的一条就是要完善规范、健全制度，扎紧制度笼子。《关于新形势下党内政治生活的若干准则》坚持思想建党与制度治党相统一，对严格党的组织生活制度提出了系统全面的要求。

强化监督是党内政治文化建设的底线保障。回顾我们党 97 年的风雨历程，遇到过许许多多的曲折和坎坷，但最后一个个都被我们党克服了。其中一条很重要的经验就是，要勇于拨乱反正。党的十八届六中全会通过的《中国共产党党内监督条例》，聚焦当前党内自身存在的问题，着力强化党内监督。加强党内文化建设，需要各级党组织和党员弘扬自我革命的精神，增强搞好党内监督的自觉性，不断完善党内监督体系，推动形成科学管用的防错纠错机制。

加强党内政治文化建设是一个需要全党参与、久久为功的长期过程。各级党组织和党员应认真学习贯彻党的十九大精神和习近平总书记关于党内政治生活的重要论述，自觉在思想上和行动上把党内政治文化建设摆上重要位置，使严肃认真的党内政治生活真正落到实处、走得长远。

延伸阅读

坚决不用作风不正和不廉洁的人

近年来，四川省青川县在坚持民主集中制，抓好班子、带好队伍等方面进行了探索与实践，培养和造就了一支高素质的干部队伍，为推动经济社会又好又快发展提供了强有力的组织保证和人才支撑。

坚持民主集中制，鲜明正确的用人导向，配强班子建好队伍。一是注重实绩，鲜明正确的选人用人导向。按照中央"德才兼备、以德为先"原则，结合青川实际，提出了"两看一坚持"和"四个坚决不用"用人导向，即：看德才条件、看艰苦奋斗精神选人；坚持凭实绩用人；坚决不用跑官要官买官卖官的人，坚决不用干不好工作的人，坚决不用群众不公认的人，坚决不用作风不正和不廉洁的人。2011年以来，提拔使用了一大批在抗震救灾、灾后重建、基层一线、维稳一线等重大任务中表现突出的干部,全县204名年轻干部、68名女干部、7名少数民族干部提拔进入了新一届县乡领导班子,42名长期在基层勤勤恳恳、任劳任怨工作的正科级领导干部享受了副县级待遇,干部的工作积极性得到充分调动。二是扩大民主,建立公平公正的选人用人机制。一个地区的民主化程度突出表现在选人用人上。在干部选任工作中,我们始终在扩大民主上下功夫,坚持"六步法"原则,即"党委定条件、大家来推荐、资格严把关、德才自己显、群众来评判、党员来直选"。公推直选了3名乡镇党委书记,采取"大评委制""简便公选法"等方式公选50名乡镇领导干部,占57名新提拔乡镇党政领导干部的87.7%。到目前为止,无一例举报和信访,营造了风清气正的选人用人环境。

坚持民主集中制,强化基层基础,进一步密切党群干群关系。我们对乡镇实行了"活乡强镇"战略,适当下放权力给乡镇,为乡镇"减负松绑",增强乡镇自主发展动力,取得明显效果。一是人事权下放基层。改革乡镇干部任免和调配方法,干部任免由乡镇党委提出主导意见,一般工作人员调配由乡镇决定,组织人事部门备案管理;改革干部考核方式,由部门、乡镇双向管理干部的年度考核,乡镇考核占60%分值、县级主管部门考核占40%分值。加大乡镇在干部使用、任免、考核上的话语权,切实加强乡镇对干部使用管理的主导权。二是财力倾斜基层。青川是老少边穷地区,工作经费不足长期阻碍乡镇发展。从2011年实施"活乡强镇"起,加大经费向乡镇倾斜力度,打捆使用项目资金,将村(社区)工作经费每年由4000至6000元提高到村2万元、社区3万元,县财政纳入预算,保证村(社区)正常运转。三是重点激励基层。建立基层党员干部政治激励机制,2012年表彰30名基层党员、20名基层党支部书记、20名党务工作者。建立党内救助基金,每年由县财政投入60万元,党费投入15万元。四是解决基层群众疾苦,结合实际建立了"十大救助制度"。

——摘编自《坚持民主集中制是抓班子带队伍的前提和基础》，中国共产党新闻网 2013 年 1 月 30 日

学者评析

> 文化以制度为载体，党内政治文化最重要的载体就是民主集中制，民主集中制是在民主基础上的集中和集中指导下的民主相结合的制度。有学者分析，从制度形式上看，是一个"民主、集中、再民主、再集中"的过程；从各方表达意见上看，是一个"发散、收敛、再发散、再收敛"的过程；从各方参与角度看，是一个"参与、共识、再参与、再共识"的过程；从形成纲要文本来看，是一个"讨论、修改、再讨论、再修改"的过程。民主集中制是我们党和国家的根本组织制度，贯彻落实好民主集中制是加强新时代党内政治文化的应有之义。四川省青川县在选班子带队伍中用好民主集中制，使选人用人管人既有民主的合法性又兼有集中的效率，不仅为全面深化改革提供稳定、有效的人才资源支撑，而且也进一步加强和改善了党内政治文化建设。

四、加强舆论引导，坚持激浊扬清

舆论引导力是指特定的组织、个人或媒体根据其意图对舆论的性质、发展趋势和方向进行引导的能力，它主要由舆论引导中的传播力、影响力、说服力和凝聚力四要素构成。当前，随着新媒体的日益普及，以及其影响的日渐广泛，做好新形势下的新媒体舆论引导工作意义重大。我们要站在"事关顺利推进党和国家各项事业、事关全党全国各族人民凝聚力和向心力、事关党和国

家前途命运"的高度，切实增强新媒体舆论引导力。

加强舆论引导力是改善干部工作环境、促进干部职能到位的需要。积极寻求社会舆论的配合，形成正确的舆论导向和良好的舆论环境，对于改善干部工作环境、实现职能到位至关重要。通过舆论宣传和教育，可以使公众了解干部的职能；通过舆论警示和激励，可以加大干部工作的宣传力度，扩大工作效果；通过舆论支持和动员，可以更好地破解工作难题，消除阻力。

加强宣传工作也是树立干部形象、弘扬干部队伍正气的需要。长期以来，各级干部为完成党和人民赋予的各项任务、为社会经济发展做了许多卓有成效的工作。广大干部在平凡的岗位上兢兢业业、无私奉献，涌现出一大批先进典型。但在有的地方和部分群众心目中，一些干部目前仍然缺乏良好的口碑。造成这一状况的原因是多方面的，其中我们自身宣传不力也是一个重要因素。因为宣传不力，有些地方干部所付出的努力、所取得的绩效鲜为人知，在一定程度上影响了干部形象的树立。由于干部身份的特殊性，干部在工作中面临的矛盾比较多，这就更加需要我们注重新闻宣传，正确引导舆论。

要通过新闻宣传，让社会各界了解干部该干什么、正在干什么、干得怎么样，让广大群众看到干部服务的热情、执法的辛劳、维权的真诚、司法的公正等，从而在了解的基础上理解、信赖和支持干部工作。对外宣传工作做得好，不仅可以树立良好的干部形象，使干部的工作得到社会和群众的认同，还可以激发干部的自豪感，增强队伍的凝聚力，达到激励人、教育人、感染人、鼓舞人的效果。因此，**要把新闻宣传工作和思想政治工作有机结合起来，把干部队伍中的先进人物和感人事迹摆在突出位置，不仅让干部典型在体制内立得住、叫得响、推得开，还要让他们走出体**

制、走向社会，在更大范围内发挥示范、引导、鼓励、辐射和带动作用，努力以典型的力量凝聚队伍、影响社会。

先进典型

心里装着群众的好书记

"老杨，你们胡同的那段路已经申报上了明年的户户通计划，很快就该动工啦。"

"李婶，我已经跟负责你们那片卫生的环卫工人交代过了，你们那片秋冬落叶多，我让环卫勤扫着。"

"小杨啊，儿子养爹是法定的义务，咱可不能忘本！"……

每天，鲁庄镇鲁庄村姚跃欣党代表工作室都会迎来许多群众，反映生活中的大小事。而这位忙里忙外招呼群众的热心人，正是河南省巩义市市级党代表、村里的党支部书记——姚跃欣。

鲁庄村位于河南省巩义市西南部，是世界第一位植物学家嵇含的故里。昔日的鲁庄村土地瘠薄，道路不通，常年干旱少雨，水浇地又少，种田产量低，广大群众靠天收成、靠地吃饭，一直在贫苦的困境中徘徊。姚跃欣担任村干部后，就下定决心，一定要带领群众摆脱贫困，走上富裕路！他和两委班子艰苦创业，狠抓基础设施建设、实施农业综合开发项目，经过几年的努力，鲁庄村的水浇地面积由原来的700亩增加到6000亩，彻底改变了全村的农业生产条件。

为了鼓励村民发展养殖业，不再依赖传统农业，靠天吃饭，姚跃欣又创新思路，自费带领村两委干部和部分群众到外地参观学习，瞄准规模养殖项目，提出大规模养殖的思路。说干就干，姚跃欣自己出资，组织有意向的群众试养了一批兔、鸡、猪等，并在年底一举受益。目前，鲁庄村内的规模养殖户已达到了200余家，不仅把群众带上了致富路，还给广大村民带去了致富的技术。

近年来，村两委在姚跃欣的倡导下，把工作重心放在了基础设施建设、改善农村人居环境上来。村两委经多方筹资，先后修建校东一路、校东二路共计600米的村组道路，建成排水渠400米，在村所有街道安装路灯100多盏，建成5个密闭式垃圾池。群众的居住环境改善了，生活质量也提高了。

为了全村的发展稳定，姚跃欣几乎牺牲掉了自己的所有休息时间，不是在村支部值班，就是去群众家中了解村民最近的生活情况。

"他是真的把村委大院当成了家，每天吃住在这里，只为及早把群众反映的问题解决好，这是真正做到了大公无私啊！"与姚跃欣多年搭档的村委会主任马武军说道。

2016年，姚跃欣购置了一张办公桌、一台电脑、一个书柜和两张椅子，并制作了工作制度版面，20多平方米的支部书记办公室又兼做了他的党代表工作室。

"党代表工作室不仅是党代表联系服务党员群众的纽带，也是转达党委各项政策精神，做好群众工作的桥梁啊！"姚跃欣时刻提醒自己作为党代表的职责，凡是涉及群众利益和居民反映强烈的民生问题，他都会当作首要任务去完成。为了更好地服务群众，姚跃欣还号召十多位镇级党代表、党员志愿者加入工作室，共同开展村务活动。

"凭什么老太太在我家住的时间比在你家长！""谁让她分家时偏心呢，就该你家照顾！"听到村委外的一阵争吵，姚跃欣赶忙从工作室里出来了解情况，原来是村里两个妯娌之间因照看老人轮换时间长短不一、家产分配不均、经济田纠纷等原因而产生矛盾，最终无人愿意照看老人。姚跃欣了解了事情原委后，立即把两家的当事人拉进工作室，倒上两杯茶，向她们讲明善待老人是法定的义务、也是子女应尽的本分，再大的问题都是可以坐下来协商解决的。在姚跃欣的协调下，老人照看问题得到圆满解决。事后，村委还给老人送去了新被子和生活用品。

"群众是我们的亲人,我们的职责就是帮助群众解决困难,群众说我们好才是真正的好。咱们这个党代表工作室说到底就是一个给群众提供服务的服务室嘛。"姚跃欣说。

为了丰富群众的精神文化生活,党代表工作室成立了文化娱乐和文化传统教育服务队,组织群众学习传统文化,开展广场舞、扇子舞活动。80岁的老党员、文化传统教育服务队的队长姚德跃介绍:"今年春节,我们几个人,还准备免费为群众写对联呢!"工作室还特别成立了一个免费为老年人服务的爱心点,村里70岁以上的老人可以免费领取理发票,75岁以上的老人还可以免费领取洗澡票。"现在的日子越来越幸福了,能免费理发、免费洗澡,可好!"村里85岁的张大爷高兴地说。

不仅如此,每逢过年过节,姚跃欣还会组织村支两委干部,一起给老党员和困难家庭送去面粉、食油、棉被等慰问品,把党的温暖送到群众的心窝子里。

"逢年过节村干部一起去老党员、困难家庭看看他们,关心关心他们。咱干不了大事,就干点实实在在的为群众的小事。"姚跃欣说道。

如今,无论是村里年逾古稀的老人,还是舞勺之年的学童,只要在路上碰到姚跃欣,都会亲切叫他一声"姚支书"。十几年来,姚跃欣用自己的实际行动赢得了群众的拥护和尊敬,没有豪言壮语,只有脚踏实地和一颗质朴的为民心。

——摘编自《心里装着群众的好书记》,共产党员网2017年1月25日

学者评析

《意见》要求:加强舆论引导,坚持激浊扬清,注重保护干部声誉,维护干部队伍形象。加强舆论引导是一项系统工作,特别

在当前互联网快速发展的新形势下，需要创新传播理念，构建现代化的舆论传播体系，强化网络舆情监管和处置，以及建设一支高素质专业化的舆论引导工作者队伍，提升舆论引导能力等。案例中担负着舆论引导的党媒通过讲述姚支书的感人事迹，塑造了良好的干部形象。特别在互联网时代，还要用人民群众喜闻乐见的形式传播信息、讲好干部的故事。首先，讲故事不能讲得过于宏大叙事，而要讲小事、微故事，这符合互联网时代浅阅读的特点。例如，在中国共产党成立95周年之际，中央电视台发布一条1分30秒的中国共产党宣传短片："我是谁？是什么样的人？也许你从来没有想过。我是离开最晚的那一个，我是开工最早的那一个，我是想到自己最少的那一个，我是坚守到最后的那一个，我是行动最快的那一个，我是牵挂大家最多的那一个……我是中国共产党，始终和你在一起。"《我是谁》这段短片中，讲的是一群在一线勤勉工作的共产党员的故事，讲的都是小故事，但很能打动人。网友纷纷表示"被我党圈粉了"，"这个广告我给满分，不怕骄傲"。其次，去身份化。廖俊波同志先进事迹报告会由他的爱人主讲，他爱人主要讲的是一个有血有肉的丈夫，讲了很多生活中的小事，这种去身份化的表达恰恰是最能打动人的，也最能引起人们共鸣。有机会当上县委书记的党员不多，但所有党员、群众都有自己的家人，从家人的角度讲故事更能说服人。再次，第三人称讲故事。用第一人称讲故事往往公信力不足，用第二人称讲故事针对性太强、回旋余地不足，而用第三人称讲故事，相对来说比较客观公正，更能够让人信服。

主要参考文献

1. 《关于进一步激励广大干部新时代新担当新作为的意见》。

2. 中组部负责人就《关于进一步激励广大干部新时代新担当新作为的意见》答记者问。

3. 《决胜全面建成小康社会　夺取新时代中国特色社会主义伟大胜利》，人民出版社2017年版。

4. 《中国共产党第十九次全国代表大会文件汇编》，人民出版社2017年版。

5. 《党的十九大报告辅导读本》，人民出版社2017年版。

6. 《习近平谈治国理政》，外文出版社2014年版。

7. 《习近平谈治国理政》（第二卷），外文出版社2017年版。

8. 《习近平总书记重要讲话文章选编》，中央文献出版社、党建读物出版社2016年版。

9. 《习近平关于全面从严治党论述摘编》，中央文献出版社2016年版。

10. 陈希：《新时代要有新担当新作为》，《求是》2018年第14期。

附 录
《关于进一步激励广大干部新时代新担当新作为的意见》

为深入贯彻习近平新时代中国特色社会主义思想和党的十九大精神,紧紧围绕统筹推进"五位一体"总体布局和协调推进"四个全面"战略布局,教育引导广大干部为决胜全面建成小康社会、夺取新时代中国特色社会主义伟大胜利、实现中华民族伟大复兴的中国梦不懈奋斗,现就建立激励机制和容错纠错机制,进一步激励广大干部新时代新担当新作为,提出如下意见。

一、**大力教育引导干部担当作为、干事创业**。坚持用习近平新时代中国特色社会主义思想武装干部头脑,增强干部信心,增进干部自觉,鼓舞干部斗志。坚持严管和厚爱结合、激励和约束并重,教育引导广大干部不忘初心、牢记使命,强化"四个意识",坚定"四个自信",以对党忠诚、为党分忧、为党尽职、为民造福的政治担当,满怀激情地投入新时代中国特色社会主义伟大实践。教育引导广大干部深刻领会新时代、新思想、新矛盾、新目标提出的新要求,以时不我待、只争朝夕、勇立潮头的历史担当,努力改革创新、攻坚克难,不断锐意进取、担当作为。教育引导广大干部不负党和人民重托,以守土有责、守土负责、守土尽责的责任担当,在其位、谋其政、干其事、求其效,努力作出无愧于时代、无愧于人民、无愧于历史的业绩。各级领导干部要切实发挥示范表率作用，带头履职尽责，带头担当作为，带头承担责任，一级带着一级干，一级做给一级看，以担当带动担当，以作为促进作为。

二、鲜明树立重实干重实绩的用人导向。坚持好干部标准，突出信念过硬、政治过硬、责任过硬、能力过硬、作风过硬，大力选拔敢于负责、勇于担当、善于作为、实绩突出的干部。坚持从对党忠诚的高度看待干部是否担当作为，注重从精神状态、作风状况考察政治素质，既看日常工作中的担当，又看大事要事难事中的表现。坚持有为才有位，突出实践实干实效，让那些想干事、能干事、干成事的干部有机会有舞台。坚持全面历史辩证地看待干部，公平公正对待干部，对个性鲜明、坚持原则、敢抓敢管、不怕得罪人的干部，符合条件的要大胆使用。坚持优者上、庸者下、劣者汰，对巡视等工作中发现的贯彻执行党的路线方针政策和决策部署不坚决不全面不到位等问题，组织部门要及时跟进，对不担当不作为的干部，根据具体情节该免职的免职、该调整的调整、该降职的降职，使能上能下成为常态。

三、充分发挥干部考核评价的激励鞭策作用。适应新时代新任务新要求，完善干部考核评价机制，切实解决干与不干、干多干少、干好干坏一个样的问题。突出对党中央决策部署贯彻执行情况的考核，制定出台党政领导干部考核工作条例，改进年度考核，推进平时考核，构建完整的干部考核工作制度体系。体现差异化要求，合理设置干部考核指标，改进考核方式方法，增强考核的科学性、针对性、可操作性，调动和保护好各区域、各战线、各层级干部的积极性。完善政绩考核，引导干部牢固树立正确政绩观，防止不切实际定目标，切实解决表态多调门高、行动少落实差等突出问题，力戒形式主义、官僚主义。强化考核结果分析运用，将其作为干部选拔任用、评先奖优、问责追责的重要依据，使政治坚定、奋发有为的干部得到褒奖和鼓励，使慢作为、不作为、乱作为的干部受到警醒和惩戒。加强考核结果反馈，引导干部发扬成绩、改进不足，更好忠于职守、担当奉献。

四、切实为敢于担当的干部撑腰鼓劲。建立健全容错纠错机制，宽容干部在改革创新中的失误错误，把干部在推进改革中因缺乏经验、先行先试出现的失误错误，同明知故犯的违纪违法行为区分开来；把尚无明确限制的探索性试验中的失误错误，同明令禁止后依然我行我素的违纪违法行为区分开来；把为推动发展的无意过失，同为谋取私利的违纪违法行为区分开来。各级党委（党组）及纪检监察机关、组织部门等相关职能部门，要妥善把握事业为上、实事求是、依纪依法、容纠并举等原则，结合动机态度、客观条件、程序方法、性质程度、后果影响以及挽回损失等情况，对干部的失误错误进行综合分析，对该容的大胆容错，不该容的坚决不容。对给予容错的干部，考核考察要客观评价，选拔任用要公正合理。准确把握政策界限，对违纪违法行为必须严肃查处，防止混淆问题性质、拿容错当"保护伞"，搞纪律"松绑"，确保容错在纪律红线、法律底线内进行。坚持有错必纠、有过必改，对苗头性、倾向性问题早发现早纠正，对失误错误及时采取补救措施，帮助干部汲取教训、改进提高，让他们放下包袱、轻装上阵。严肃查处诬告陷害行为，及时为受到不实反映的干部澄清正名、消除顾虑，引导干部争当改革的促进派、实干家，专心致志为党和人民干事创业、建功立业。

五、着力增强干部适应新时代发展要求的本领能力。按照建设高素质专业化干部队伍要求，强化能力培训和实践锻炼，提高专业思维和专业素养，涵养干部担当作为的底气和勇气。加强专业知识、专业能力培训，促使广大干部全面提高学习本领、政治领导本领、改革创新本领、科学发展本领、依法执政本领、群众工作本领、狠抓落实本领、驾驭风险本领。注重培养专业作风、专业精神，引导广大干部坚持理论联系实际，干一行爱一行、钻一行精一行、管一行像一行。突出精准化和实效性，围绕贯彻落实新发展理念、推动高质量发展和建设现代化经济体系、推进供给侧结构性改革、打好三大攻坚战等一系列重大战略部署，帮助干部弥补知识弱项、能力短板、经验盲区，全面提高适应新时代、实现新目标、落实新部署的能力。优化干部成长路径，注重在基层一线和困难艰苦地区培养锻炼，让干部在实践中砥砺品质、增长才干。

六、满怀热情关心关爱干部。坚持严格管理和关心信任相统一，政治上激励、工作上支持、待遇上保障、心理上关怀，增强干部的荣誉感、归属感、获得感。完善和落实谈心谈话制度，注重围绕深化党和国家机构改革等重大任务做好思想政治工作，及时为干部释疑解惑、加油鼓劲。健全干部待遇激励保障制度体系，完善机关事业单位基本工资标准调整机制，实施地区附加津贴制度，完善公务员奖金制度，推进公务员职务与职级并行制度，健全党和国家功勋荣誉表彰制度，做好平时激励、专项表彰奖励工作，落实体检、休假等制度，关注心理健康，丰富文体生活，保证正常福利，保障合法权益。要给基层干部特别是工作在困难艰苦地区和战斗在脱贫攻坚第一线的干部更多理解和支持，主动排忧解难，在政策、待遇等方面给予倾斜，让他们安心、安身、安业，更好履职奉献。

七、凝聚形成创新创业的强大合力。各级党组织要深刻把握新时代新使命新征程，切实增强政治领导力、思想引领力、群众组织力、社会号召力，大力弘扬中华民族的伟大创造精神、伟大奋斗精神、伟大团结精神、伟大梦想精神，让广大干部聪明才智充分涌流，让各类人才创造活力竞相迸发，形成锐意改革、攻坚克难的良好社会风尚。加强科学统筹，制定和执行政策坚持具体问题具体分析，坚持分类指导、精准施策，充分发挥政策的激励引导和保障支持作用。大兴调查研究之风，尊重基层首创精神，鼓励基层结合实际探索创新，充分调动干事创业的积极性。加强党内政治文化建设，弘扬忠诚老实、公道正派、实事求是、清正廉洁等价值观，引导干部自觉践行"三严三实"，不断增强政治定力、纪律定力、道德定力、抵腐定力，习惯在受监督和约束的环境中工作生活。加强舆论引导，坚持激浊扬清，注重保护干部声誉，维护干部队伍形象。大力宣传改革创新、干事创业的先进典型，激励广大干部见贤思齐、奋发有为，撸起袖子加油干，奋力谱写社会主义现代化新征程的壮丽篇章。

后 记

新时代呼唤新气象，新事业更需新作为。2018年5月，中共中央办公厅印发并实施《关于进一步激励广大干部新时代新担当新作为的意见》，对进一步激励广大干部新时代新担当新作为提出明确要求。深入研读《意见》，我们看到，《意见》深入贯彻习近平新时代中国特色社会主义思想和党的十九大精神，从思想教育、用人导向、考核评价、容错纠错、能力素质、关心关爱干部、凝聚合力七个方面提出了明确要求，具有很强的针对性、指导性和可操作性。

在全面建成小康社会决胜阶段、打赢打好三大攻坚战关键时刻，党中央专门出台激励干部担当作为的文件，意义可谓是重大而深远。《意见》迅速在广大干部中引起了强烈反响。文件印发以来，各地区、各部门认真组织开展政策宣传工作，加强舆论引导和政策解读，着力扩大和提高广大党员干部知晓面和认同度，凝聚激励干部担当作为的强大合力，推动形成撸起袖子加油干的浓厚氛围。短短数月时间，已有不少地区和部门研究谋划落实措施，结合实际工作制定了各自的实施意见，推动中央《意见》落地见效。一时间，新时代、新担当、新作为成为广大干部口中的热门词汇。

在中央党校党建教研部主任张志明教授的指导下，中央党校党建教研部组成课题组，编写本书对《意见》进行解读，并辅之以典型案例分析。在书中，我们按照《意见》的结构部署，总共设计了导言和七个章节。编写过程中，我们积极听取了相关领域专家和学者的意见和建议，对所掌握的材料进行了较为认真、仔细的筛选，对所选案例也进行了严格把关和分析，希望对广大干部在学习贯彻《意见》过程中有所助益。

本书的编写者都是中央党校党的建设教研部从事相关专业研究的教研人员，具体分工如下：导言、第一章、第二章、第三章，马丽；第四章、第五章，强舸；第六章、第七章，孙林。全书由马丽负责统稿。

广东人民出版社总编辑钟永宁先生为本书编写提供了宝贵意见，在此表示衷心感谢。广东人民出版社的卢雪华编辑、伍茗欣编辑为书稿做了大量认真细致的审校工作，在此一并致谢！

编　者

2018 年 9 月 22 日